事業を起こす人になるための本

ふわっと考えていることを
カタチにする
5 STEP

株式会社アイディアポイント
代表取締役社長
岩田 徹

生産性出版

生産性を高める

プロローグ

新しいビジネスを
はじめたいあなたへ

　はじめまして。岩田徹です。現在、私は新規事業開発のコンサルタントとして、顧客企業の新規事業開発プロジェクトのサポート、研修プログラム(主に、新規事業のアイデア出し、ビジネスプラン作成)の開発や講師をしています。

　多くの会社では、「新しいビジネスを作らなくてはいけない」という号令がかけられて、中には専門部署が立ち上がっている会社もあります。技術部門やマーケティング部門も「新規事業のネタ探し」が最優先事項になっています。会社の外に目を向けても、若手に限らず、シニア、女性、そして副業として、さまざまな人たちが新しくビジネスをはじめることが世の中の流れになっています。

　一方で、現場では多くの人が、「事業をはじめるには、どうしたらよいのかわからない」「自信が持てない」と言いながら、悩んだり、苦しんだり、モヤモヤしながらなかなかスタートがきれずにいたり、ビジネスをスタートしたものの、上手に進められずに途中でストップしています。

　本当なら「新しいビジネスを作る」「新しいことをする」のは楽しいはずです。にもかかわらず多くの人が困っていま

す。「何をやったらいいのか全然わからない」「まったく手がつけられない」と思ってしまうのです。逆に、「何とでも言える」ので、何でもありだと思う人もいますが、もちろんそうではありません。調べるべきことはあらかじめきちんと調べた上で、「そのとき、そのときに最も確実」な選択を行いながら、意思決定を修正しながら進めていくというように、業種や事業の内容を問わず、共通した対処方法はあるのです。

　私は戦略系のコンサルティング会社からキャリアをスタートしました。同社では経営者の視点で考えることの重要性、基礎的な経営分析手法を学びました。それからグローバルなIT企業に転職し、マーケティングを担当。そこではマーケティングの専門的な知識や業務の進め方、グローバルな組織がどのように動くのか、どんな仕組みがあれば、人を動かせるのかについて学びました。次に、人材開発コンサルティング・研修事業会社のグループに転職、二つの事業会社の立ち上げに参画しました。一つめの会社では組織のナンバー２として、商品作り、会社の仕組み作りを行い、二つめの会社では、経営トップとして会社の設立から立ち上げを行いました。

　その後、その会社の株式を買い取って、現在は経営者としてビジネスを運営すると同時に、新規事業開発コンサルトとしても活動、慶應義塾大学大学院システムデザインマネジメント研究科の研究員として、アカデミックな観点からもイノベーションについて勉強しています。

　振り返ってみると、うまくいったこともあれば、うまくい

かなかったこともありました。「あそこはもう少し、しっかり考えておくべきだったなぁ」と後悔することや「あそこは考えすぎて、ムダな時間を過ごしたかな」と反省することもたくさんあります。さらに、新規事業について勉強する中で、「先に知っておきたかった」「タイムマシンがあれば、当時の自分に教えてあげたい」と思うこともたくさんあります。そうした経験や省察にもとづいて、本書は作られました。

　私が読者に想定しているのは、まさに手探りで会社を立ち上げたときの私自身と同じ境遇にあって、
・会社にいて何か新しいビジネスをやることになった人／やらなくてはいけない人
・個人で何か新しいビジネスをやることになった人／やらなくてはいけない人
・個人で何か新しいビジネスをはじめようと思っている人／いつか、何か新しいビジネスをやりたいと思っている人
です。
　この本では、「新しいことにチャレンジするときに最低限、必要な考え方と手順」を知るためのお手伝いをします。あなたが新規事業を立ち上げるにあたり、どの順番でアイデアを出し、評価して、計画を立てて、実行すべきなのか、できるだけ具体的に説明していきます。
　phase1では、新規事業に取り組む人が「知っておくべき考え方と陥りやすい罠」について解説します。その上で、新

規事業を検討するプロセスの全体像についてお話します。通常の直線的なプロセスではなく、試行錯誤的かつ螺旋状に階段を上っていくように検討するプロセスの進め方についてお話します。

　phase 2 では、「アイデアの出し方」について解説します。新規事業のアイデアは、ここから発想するべきと決まっているものではありませんが、いくつかのパターンがあります。それぞれのメリット・デメリットを比較しながら、あなたが考えやすい進め方を提案します。

　phase 3 では、単なる「ジャストアイデア」を「事業コンセプト」という形にして、ある程度、形式を整えて、周囲の人と議論できるようにする方法を解説します。いくつかの基本的な問いに答えていくプロセスを通じて、あなたが実際に取り組みたいビジネスを具体化し、周囲と議論できるような形式にしていきます。

　phase 4 では、事業コンセプトをより具体的にして、時間、段取りを決めて「事業計画」にします。これで作業は一旦、終了です。この事業が「GOなのか」「NO GOなのか」を決めて、実際に考えるところまでできあがります。

　phase 5 では、「コミュニケーション」をテーマに、「上手な伝え方、周囲を巻き込む伝え方」についてお話します。新しいことに取り組むには、多くの人の協力が必要です。多くの人に応援してもらえるようになりましょう。

　エピローグでは、少し視点を変えて新しいことにチャレン

ジするあなたのために、「事業に取り組むと、こんなによいことがある」ということを私の実感からお話します。

　新しいことを動かすときは「はじめの一押し」が必要です。新しいビジネスも「はじめの一歩」が、最も力が必要になります。まずは、手を動かせば、はじめの一歩は踏み出せますが、より効率的、効果的に進めるためには、「新規事業開発に必要な考え方と手順」をきちんと知っておくことが大事です。

　本書が何か新しいビジネスをスタートするときのお役に立てればうれしく思います。早速、「事業を起こす人になるためのレクチャー」をスタートすることにしましょう！

平成30年12月吉日

岩田 徹

目次

プロローグ 3

phase 1
新規事業の「考え方」と「陥りやすい罠」 17
事業を検討するときの「頭の使い方」を教えます

phase 1-1 19
「新規事業」と「既存事業」は別種目だと考える

phase 1-2 21
未来が過去の延長線上にないVUCAな時代

phase 1-3 25
「じっくり考え抜く将棋脳」から「最善手を探すサッカー脳」へ頭をシフトする

phase 1-4 28
周りからの「どんな内容でもいい」という言葉は真に受けない

phase 1-5 32
たくさんボールを投げてストライクゾーンを探す

phase 1-6 36
周囲の「エセ正義の味方」からの抵抗を織り込んでおく

phase 1-7 39
やるべきことは「シンプルな問いに答えていくだけ」と考える

phase 1-8 42
検討はどこからはじめてもよいが最後は全部埋める

phase 1-9 44
「儲かるかどうか」だけにこだわらない

phase 1-10 47
検討プロセスは「最初ざっくり、次に細かく」試行錯誤しながら作る

phase 1-11 49
コミュニケーションや意思決定は「一発勝負」より「すり合わせ、追尾式ミサイル」で

phase 1-12 52
新規事業は手間がかかるが、それこそが楽しい

phase 2
アイデア出しの定石を踏む ········· 55

phase 2-1 ················· 57
アイデア出しに関する三つの誤解とは?

phase 2-2 ················· 65
「新しいビジネス」で押さえたい四つの視点
- ◇ 視点1　シーズ アセット ➡ 今、「自分/自社」ができることは何か… 67
- ◇ 視点2　ニーズ ➡ 「自分/自社」が周囲から求められていることは何か… 69
- ◇ 視点3　ミッション ➡ 「自分/自社」がやるべきことは何か ········· 74
- ◇ 視点4　ウィル ➡ 自分が本当にやりたいことは何か ············· 78

phase 2-3 ················· 81
アイデア出しの原則と発想技法を身に着けよう

phase 2-4 ················· 84
ブレインストーミング、親和図法、構造シフト発想法でアイデアを出す

phase 2-5 ················· 92
おもしろそうなアイデアを見抜き選ぶ

phase 3
ふわっとしたアイデアを「事業コンセプト」にする … 97

STEP 0 [事業概要] …………………………………………………………… 102
「誰に」「何を」「どうやって」の概要を決める

STEP 1 [顧客の現状・課題分析] ………………………………………… 107
誰のどんな困りごとを解決するのか

STEP 2 [使用シーン・実現イメージ] …………………………………… 114
どんな場面で、どのように使われるのか

STEP 3 [顧客への提供価値] ……………………………………………… 119
その顧客に、どんなうれしいことがあるのか

STEP 4 [商品・サービス設計] …………………………………………… 124
どのような商品・サービスなのか?

STEP 5 [ビジネスモデル] ………………………………………………… 128
どうやって提供するのか?

STEP 6 [競合状況] ………………………………………………………… 133
あなたの商品やサービスは何と比較されるのか?

STEP 7 [市場と市場規模] ………………………………………………… 138
世の中のどこに分類されるのか?

STEP 8 [マネタイズモデル・キャッシュフローモデル] ……………… 144
どうやって儲けるのか?

STEP 9 [取り組む意味、大義、ビジョン] ……………………………… 149
なぜ、今、自分(たち)はこれをやるのか?

まとめ 「再度、自分がやりたいことなのか」を確認する …………… 154

phase 4
時間&順番を入れて「事業計画」を仕上げる 159

phase 4-1 160
「ゴール」と「マイルストーン」で、先に目標を決めよ

phase 4-2 164
狙う市場規模を計算し、「ドミノ倒し」で大きな市場に打って出る

phase 4-3 166
顧客が「素敵な体験をする姿」をリアルに描く

phase 4-4 174
やるべきことはガントチャートでスケジュール化する

phase 4-5 177
事業のリスクを洗い出す

phase 4-6 181
売上／利益計画、投資計画を作る

phase 5
「人を動かす」伝える力とプレゼンテーション …… 187

phase 5-1 …… 188
多くの人からフィードバックをもらい、仲間を増やす

phase 5-2 …… 190
「相手が聞きたい」話をする

phase 5-3 …… 191
相手に何をして欲しいのかをはっきり伝える

phase 5-4 …… 193
プレゼンテーションの内容を無難にまとめない

phase 5-5 …… 195
相手の「反応」を予想してプレゼンテーションに臨む

phase 5-6 …… 198
用意周到な準備でプレゼンテーションの質を上げる

phase 5-7 …… 204
楽しそうに、自信があるように情熱的に話そう

phase 5-8 …… 208
周囲からの質問や意見には上手に対応せよ

phase 5-9 …… 209
プレゼンテーションを通じて事業計画をブラッシュアップする

phase 5-10 …… 211
新規事業をどう評価すればよいのか

エピローグ ……………………………………………………… 217
さあ、「事業を起こす」人になろう！

ゼロの状況だからこそ、自分で考える習慣がつく ………………………… 219
ものごとを判断するときに自分なりの視点と勘どころがわかってくる…… 221
自分がすべてにかかわることで広い業務知識が身につく ………………… 224
「何とかなるという自信」と「致命傷を避ける慎重さ」が身につく ………… 227
会社、社会、組織など世の中の仕組みを理解できるようになる………… 229
社内、社外に信頼できる仲間ができる ……………………………………… 230
社会や世の中、自分自身について考える時間が増える ………………… 232
これからは挑戦した人が評価され、活躍する時代になる ………………… 235
何よりも毎日が楽しい！ 生きている実感と自由がある ………………… 236

すべての人に感謝を込めて ……………………………… 239
参考文献リスト ……………………………………………… 243

◻ 本書の全体像
新しく事業を起こすのって…

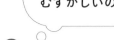

Phase 1
新規事業の「考え方」と「陥りやすい罠」

Phase 2
アイデア出しの定石を踏む

Phase 3
ふわっとしたアイデアを「事業コンセプト」にする

Phase 4
時間＆順番を入れて「事業計画」を仕上げる

どうやって進めればいいの？

 どんなよいことがあるの？

Phase 5

「人を動かす」伝える力とプレゼンテーション

エピローグ

さぁ、「事業を起こす」人になろう

phase 1

新規事業の「考え方」と「陥りやすい罠」

事業を検討するときの「頭の使い方」を教えます

　どんなことをするときも大変なのは、「やろうかな」と思った後に実際、何をするのかを考え出すところです。「どうやっていいかわからない」「できるかどうか心配だ」「大変そうに感じる」「いろいろ考えると、なんだかんだ言って面倒くさい」など、不安なことやわからないことがたくさん頭に浮かぶからです。

　実は事業(特に、新規事業)を考える際には、ある程度、決まっている手順があって、その手順に沿って考えていくと、自動的に(とは言わないまでも、きちんと)形になる方法があります。その頭の使い方を知っているのと知らないのでは、検討の大変さがまったく違います。

　ビジネスパーソンが経験する既存事業の計画を立てるときの「過去の実績や市場環境を調査して、そこから将来を予測し、合理的な意思決定を行う」「対昨年度比20%アップを狙う(100を120にする)」頭の使い方とは、大きく異なるものです。

　phase 1 では、新規事業を考える際に知っておくべき「頭の使い方」と、新しいビジネスの未経験者が共通して「陥りやすい罠」について説明していきたいと思います。

phase 1-1
「新規事業」と「既存事業」は別種目だと考える

多くの会社や担当者が「新規事業」について考えるときに、つまずいたり、苦しむ原因の一つになる新規事業と既存事業の違いについて、図表1－1にまとめました。

新規事業と既存事業の一番の違いは、前者は数人が集まって、「何かやるぞ。今からみんなで考えるぞ」という状態なのに対して、後者はすでに何十年も事業を続けていて、いろいろな経験をしている会社が、「そろそろ来年は何をどうしようか」と考える状態にあるという点です。

□ 図表1-1　新規事業と既存事業の違い

	新規事業	既存事業
何をやるか？	自由（なんでもいい）	決まっている
調べる範囲	現在、やっていること以外（ほぼ、世の中のこと、全部）	現在、やっていること（とその周辺）
必要なスキル・経験	何をやるか決めてから身につけるor身につけた人を探す	これまでやってきたことから身につけた経験やスキルを使う
成功・失敗をわけるポイント	致命傷を避けつつ、試行錯誤しながら前に進むこと	ミスをせず、効率よく実行すること
評価の基準	何をやるかによる（ので、先に決められない）	今、使っているもの

新規事業については、ソフトバンクの孫正義社長が会社を作ってまもないころに、「豆腐屋のように1丁(兆円)、2丁(兆円)」と売上をダイナミックに上げられるビジネスを育てる、と発言したエピソードのように、何もないところから大きな夢を語る様子をイメージするとよいでしょう。

　既存事業については、多くの会社で行われる12月ころから次の期の計画を立てていくプロセス(実績や市場調査をしながら目標を作っていく)をイメージしてみてください。

　なぜ、二つの事業には、このような違いが生じるのでしょうか。

　一番の違いは「検討の自由度」です。

　新規事業は何をするのかを決めるのに多くの時間がかかるのに対して、既存事業では、すでに何をするのかが決まっているため、ここはすんなりと通過できます。そのため新規事業を検討する際には、「検討しなければいけない項目」「集めなければいけない情報の量」が圧倒的に増えます。

　これに既存事業と同じような精度を求めるのは不可能だと言えるのです。これまでに経験がないものを調べることになるため、過去の実績や成果がなく、情報の精度が悪くなる(不確かな部分が残る)傾向があります。

　さらに、多くの会社では成果が計算できる既存事業に主なリソース(人材や予算)をかける一方、新規事業には限られたリソースしかかけられないのが実情です。

　この状態で、新規事業の計画を立てるときに既存事業の計

画と同じ精度で求めるのは、論理的にムリだけではなく、無謀だと言えます。

この考え方はきちんと押さえておく必要があります。「既存事業以外の市場を全部、調べなさい(それも既存事業と同じ深さで、さらに、少ない人数で)」などというのは、おかしな話ですが、こうした冗談みたいなことも起こってしまいます。

ポイント

新規事業は、わからないことが多い中で、やらなくてはいけないこと、決めなくてはいけないことがたくさんあります。それを既存事業と同じようにやろうとするのは、論理的なむずかしさだけでなくて、無謀。まずは、「新規事業と既存事業は違う」ことを頭に刻んでおきましょう。

phase 1-2
未来が過去の延長線上にないVUCAな時代

多くの人は将来の計画を立てようとするときに、過去のデータから将来を推論します。過去の5〜10年の市場成長率を当てはめて、市場の成長を予測します。方法としては間違っていませんし、産業の構造が変わらない時代にはその方法も有効でした。しかし、現在ではその方法が必ずしも有効ではなくなってきています。

人々の生活様式も、5〜10年であっという間に変わります。家の電話や公衆電話で電話していたものが、10年後に携帯電話に代わり、さらに10年ほど経つとスマートフォンになりました。音楽プレイヤーもカセットテープからCD、MD、ハードディスク、インターネットを使って聴くように一気に変わりました。

　身の回りにある製品も、どんどん変わっていきます。スマートフォンにはカメラ、計算機、時計など、さまざまな機能が付加されたことで市場を席巻しています。カメラ、計算機、時計などの既存製品を駆逐してしまいました。

　インターネットを見るブラウザや検索サイトも気がつけば、あっという間にGoogleが世界を制してしまい、SNSもさまざまなものがありましたが、Facebook、Instagram、Twitterに集約されつつあります。このように環境が変化する中で計画を立てるときに、「10年後には、Facebook経由でウン十万人を誘導」という記述にどれくらい意味があるのでしょうか。

　10年前を考えると10年後も世界が同じ枠組みであると考えることが、どう考えても正しくありません。世の中は大変なスピードで変化しています。

　ところで、あなたは「時代はVUCA(ブーカ)になっている」という話を聞いたことがありますか？

　VUCA（ブーカ)とは、Volatility(変動性・不安定さ)、Uncertainty(不確実性・不確定さ)、Complexity(複雑性)、Ambiguity(曖昧性・不明確さ)というキーワードの頭文字から取った言葉です(図

■ 図表I-2　VUCA（ブーカ）な時代

Volatility
変動性

変動の幅が大きい、モノゴトが極端にふれる

たとえば…
ある日、インターネットで猛烈に人気になるサービスが現れる？

Uncertainty
不確実性

起こるか/起こらないのかがわからない、確実に起こると言えることが少なくなっている

たとえば…
完全な自動運転が将来、実現できるのか、できないのかはわからない

Complexity
複雑性

事象が複雑になっている、いろいろなことが絡み合っている

たとえば…
世界がつながりすぎて、いつ、何をきっかけに金融危機が起こるか計算できない

Ambiguity
曖昧性

はっきりとしないことが多い、特定できないことが多い

たとえば…
ある会社や個人が、どの国に所属しているか、説明しきれなくなっている

表1−2)。この言葉は、もともとは1990年代に冷戦終結後の複雑化した国際情勢を意味する軍事用語として使われはじめ、2010年代にはビジネス世界でも取り上げられるようになりました。いろいろなことが予測できない世の中になってきているという意味です。

一般的に世の中の大きな流れを整理するフレームワークとして使われているPESTというフレームワークで整理してみましょう。PEST分析とは、「Politics(政治)」「Economy(経済)」「Social Trend(社会文化)」「Technology(技術)」について、それぞれの分野で何が起きるのかをまとめる方法です。

政治に関してはアメリカ大統領選挙、イギリスのEU離脱、地域紛争などの政治的な状況がどうなるか、直前まで予想ができませんでした。経済に関してもリーマンショックに代表される経済危機などは、それが起きる直前までわからないものです。社会文化に関しても、SNSの普及などを背景に何が流行するかは、まったく誰にも読めない状況になりました。テクノロジー(Technology)が、1年でどれだけ進歩するのかは多くの人が実感しているところだと思います。やはり、世界はより不安定で不確実、複雑で曖昧になっていて、わかりにくくなっていると言えそうです。

この不確実で先が読みにくい現代の中で、新規事業では、情報を収集して、分析して、勝てる計画を立てなくてはいけません。予測しにくい未来に対して私たちはどのように考え、対処するべきなのでしょうか。

新規事業では、一般的に過去の成功の定石となっているビジネスフレームワークを参考にしつつも、自ら意志を持って(主体性)、そのときの状況に上手に対応しながら(柔軟)、素速く適応して(俊敏)、多少、思い通りにならなくても前に進む気持ち(前向きさ、寛容さ)で、ビジネスを進めていくことが必要になります。

ポイント

「世の中がどうなるか予想することが、どんどんむずかしくなっているし、どんどん変化の振り幅は極端になっている」ということを認めましょう。その上で、自ら意思を持って、柔軟、俊敏、前向きさと寛容さを持って対応することが大事になってきます。

phase 1-3
「じっくり考え抜く将棋脳」から「最善手を探すサッカー脳」へ頭をシフトする

　不確実で予想ができない未来が待っている中で、私たちはどのような考え方で新規事業に取り組むべきなのでしょうか。

　私たちは学校でも会社でも基本的には、筋道を立てて、効率よく正解を求める方法を学びます。この考え方は既存事業のようにある程度、状況が一定で情報が揃っている中では有

効です。それなりに考える余裕があり、正解となりそうな選択肢が存在しているため「一番よいもの＝正解」を選択しやすいからです。このような場合、

　①　問題を設定する。
　②　その問題をフレームワークで整理、構造化して原因を特定する。
　③　解決策の中から有効な手段を選択する。

というモデルが使われることがほとんどでした。そして、そこで求めた「解決策＝正解」をあとはしっかりと、確実に、実行していくというのが多くのビジネスでした。

　一方で、新規事業のように状況がめまぐるしく変わる中で、常に、素早く、最善の手を打ち続けなければならない状況では、スピード感がなくてはいけません。
このような場合は、

　①　とりあえず問題だと思うものに対して、
　②　とりあえず手を打って、
　③　その結果を見ながら次の手を考える。

　このようなモデルを使いながら柔軟に対応していかなければなりません。

　ここが新しいビジネスのむずかしいところです。正解がないことを受け入れて、「正解探し、正解を教えてもらいたい気持ち」「正解が出ない気持ち悪さ」はそういうものだと思って進んでいきましょう。

　こんな話を私がすると、「正解がないなら、何をやっても

いいんだろう」と考える人もいますし、「正解がないなら、できるはずがない」と考える人もいます。しかし、両方とも乱暴な考え方です。

　課題に直面したその時点で、最も正しい計画は考えることができますし、それを修正し続ける中で、少しずつゴールを目指していくものだからです。これが正しい姿勢です。

　私がよくする話に入社の面接があります。通常、面接では、当日になるまで何を聞かれるかわかりません。受け答えに正解はありません。では、こんな状況にあなたが置かれたときに、どうしますか？

　おそらく「正解がないから手の打ちようがない」「正解がなければ、何を言っても構わない」ということはないと思います。その時点であなたがわかる最大限の情報を集めて、整理をして十分に準備をして面接に臨み、その上で、面接のときには、その時点でのベストを尽くして柔軟に対応するのではないでしょうか。

　新規事業を考えるときも、基本的にはこれと同じだと考えてください。

ポイント

　新規事業を考えるのは、棋士のように「局面をじっくりと分析して、一手を指す」ものではなく、サッカー選手のように、状況がどんどん変わる中でも顔を上げて周囲を見て、考

え続けることです。その状況下でベストな選択をしながら、最終的にはチームの勝利を目指すためのアクションすることが大切です。

phase 1-4
周りからの「どんな内容でもいい」という言葉は真に受けない

　多くの人は、いざ、新しいことを考えようとすると、いきなり迷います。「新しいこと ＝ 今までやっていたこと以外」は何をやってもよくなってしまうからです。

　それでは何でもいいと思って、自分の好きな事業を考えてみると、今度は逆に、いろいろな理由が出てきてボツになっていきます。そうこうしているうちに時間もたち、やる気がなくなってしまう、自信が失せて何をしていいかわからなくなってしまう、ということが多くあります。

　ほとんどの場合、その人が新規ビジネスをするために許されている時間、使えるお金、ビジネスを実現するための条件などについては制約があるものです。初めにきちんと検討の範囲(制約)と使えるリソース(お金や時間)を定義してから事業のアイデアを考えていかないと、考えるべきことが無限になってしまいます。せっかく考えたアイデアが後からダメになる可能性も高くなって非効率です。

　会社の中で新しい事業を立ち上げるケースでは、初めは

「新規事業だから、既存の事業の枠を越えたものなら何でもいいぞ！」と社内から言われてスタートしたとしても、既存事業と枠組みや顧客が社内の事業と違っていればよいのか、製品が違っていればよいのか、それとも、その両方が違っていなければいけないのか、ビジネスの仕組み（ビジネスモデル）そのものが違っていなければいけないのかなど、人により「何でもいい」の解釈が違います。この時点で「わーい、自由でいいな。何でもやってやろう」と考えるのは、無邪気すぎるのです。

　実際にアイデアを話すと、「それは当社と関連が薄い、当社がやるビジネスではない（ビジネスが遠すぎる）」「当社の理念に反している」「当社の事業規模から考えるとマーケットが小さすぎる」という意見が周りから出てきてボツになることもあります。

　それではと思って、ある程度、既存事業に関連するような提案をすると、「それは既存事業の延長線上にあるので期待していたものと違う」「もともと既存事業で行うべきである」という意見も出てボツになるということが多くあります。

　そのうち、「規模は〇〇億円以上」「〇〇年以内に利益が出ること」「次の事業の柱となりうるもの」など、さらにいろいろな条件がついてきます。「おいおい、だったら最初から言ってくれよ」と言いたくなるものです。個人で検討する場合も同様に、最初に条件を決めておかないと、あとからどんどん条件が出てきてしまいます。

多くの場合、自分のスキルやお金(仮に、借りるとしても)、時間などを考慮すると「自分ができる」ことにはある程度、制約があるものです。あなた自身も自分がやりたいこと(あるいは、やりたくないこと)が、ある程度の範囲であるはずです。その中で世の中から求められること(ビジネスになること)となると、必然的に限られてくるのではないでしょうか。
「新規事業なら何でもいいから考えて」と言われて検討するときは、「ちょうどよい加減」を探ることが必要です。

　私がよく例に挙げるのが、会社の飲み会の無礼講です。無礼がすぎる態度をとると「なんというやつなんだ」と思われてしまうでしょう。だからと言っていつもと同じでいると、「あいつはつまらない」と思われてしまいます。実際にできることは、「いつもとは違うけれども無礼にはならない範囲」という、ものすごく狭い領域だったりします。

　野球のバッティングにたとえると、ストライクゾーンにきちんと入っていても、既存事業に近すぎてしまい、それは事業部門がやることだからダメ。

　ストライクゾーンから外れても、他社がすでにシェアをとっていたり、強い分野であり、当社でやる意味がないからそのボールではダメ、という感じです。実は、「ストライクゾーンの枠にあてなさい」くらいの精度が高いボールが要求されたりするものです(図表1－3)。

ポイント

「何でもいい」は、何でもよくないものです。周りの人たちの言葉を真に受けてはいけません。実際には、ちょうどいい範囲が存在していて、その中に入っていないとアウト。しかも、多くの場合、想定するよりも相当、その範囲は狭い。狭い範囲を上手に検討しなくてはいけないということです。

■ 図表1-3　検討範囲は、広いように見えて、実は狭い?!

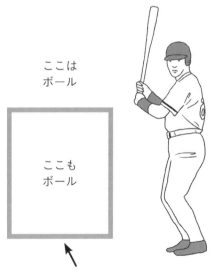

phase 1-5
たくさんボールを投げて
ストライクゾーンを探す

　それでは、その狭いストライクゾーンの枠に当てるためには、どうしたらいいのでしょうか。

　方法はひとつしかありません。それは、「とにかくボールを投げる」ことです。もう少し詳細にお話すると、

① 最初に条件を決めて大まかな範囲を決めておく。
② 個別案件のアイデアを出す。
③ それをどんどん検討していく(企業の中であれば、話して反応を探る、投げてみる)。

というプロセスを踏みます。ところで、
「あなたは、どんなビジネスだったらやれますか？」

　会社の中で新規事業を検討する場合には、事前に条件がついているのが一般的です。検討領域(業界)、ビジネスの市場規模、事業規模(将来的な売上目標)、利益、投資回収の条件などです。個人でやるのであれば、使えるお金や人、だいたいのビジネスの種類(企業向けのビジネス、消費者向けのビジネスなど)、やりたいことと、やりたくないことです。

　条件を確認しておかないと、あなたが検討しなければならない範囲が無限になってしまいます。とにかく何らかの条件(少なくとも、「ここはやらない」というのも有力な情報です)で絞っておくことです。

大手量販店向けにキッチン関連用品を販売している家電メーカーで実際にあった話です。新規事業検討会で、企業(住宅メーカー)に営業をかけて住宅に組み込んでもらうという提案がされました。そのときに役員が、「なぜ、うちの会社がBtoBビジネスをやるんだ。あり得ないだろう」と、突然、怒り出したために、せっかくの提案がほぼ無意味なものとなってしまいました。役員の意見は、一つの意見としては十分理解できたものの、もし、そうであれば、「だったら、最初から言ってくれよ」というのがほとんどの人の本音ではないでしょうか。

さて、ある程度、検討範囲が決まったら、次は具体的にアイデアを検討していくことになります。ここでは可能性があるものをとにかくたくさん挙げていきましょう。アイデアの出し方は、phase 2 に譲るとして、このときのスタンスは、気楽にどんどん挙げていくことです。

これをベースに、多くのアイデアを見ている中で新しいビジネスの「よい／悪い」の判断を探っていきましょう。

そのときによくあるケースが、「総論賛成、各論反対」という周りからの発言です。実際に、事業の検討をしていると「すべての条件を満たしているのだけど、何かがダメ」なものや、逆に、「条件をまったく満たしていないのだけど、合格」と言われることが頻繁にあります。

これを「意思決定者の気まぐれ」「ずるさ」とも言うこともできるのですが、私は、しかたのないことだと感じていま

す。アイデアのない段階で、ビジネスの条件について話しているうちは、どれだけ考えてもやはり総論でしかなく、実際の意思決定は個別のものでしかできないからです。

「やってみないとわからない」新規事業では、そもそも条件の設定もしにくく、自分でも何がよいのかわからないことも多いからです。

会社の場合、事業をやるか、やらないかを最終的に決断する意思決定者もプロセスを見ながら、「これは条件を満たしてなくてもよいな。なんでそう思うのだろう？」「これは条件を満たしているけどダメだな。何でそう感じるのだろう？」と考え、ビジネスの条件を追加、削除したりしているのです。

私がよく挙げる例では、男女問わず「(恋愛の)よいパートナーが欲しいから、誰か紹介して欲しい」と言っている友人から、いろいろと条件を聞いて(優しい人、お酒が飲める人、外見など)、当てはまる人をどれだけ紹介しても「何かが違う」と、首を横に振られる。その後、別のルートでパートナーができたというので、その人を紹介してもらうと、当初、言っていた好みのタイプとは全然違い、会った瞬間、「えっ、何で？」という経験をすることがあります。

新規ビジネスに関する意思決定者も、これに近いものだと思ってもらうとイメージしやすいのではないでしょうか。何も悪意があるわけではなく、やはり条件は総論で、検討が個別なのです。

phase 1 新規事業の「考え方」と「陥りやすい罠」

　実際に、個人でも当初の条件とはまるで違う事業をはじめたりすることもありますし（最初は自分なりのバラ色のビジネスを描いていた。しかし、現実的な路線で考えたからという理由だけではなくて、条件とは異なるところで、なぜか最初のものとは異なる事業に惹かれるケースも多くあります）、多くの企業では事業規模や利益率など、当初の条件を満たしているか微妙だけれども、「これは、わが社がやるべきことだ」という理由でスタートするケースも多くあります。

　このような不明確な判断基準をどのように見えるものにすればよいのでしょうか。

　ポイントは深く検討せずに、たくさんのアイデアを相手に投げることです。そうすることで、その人やその会社（意思決定者）の思考や好みの傾向などが徐々にはっきりと理解できるようになってきます。たまに、外れたところにストライクゾーンがあったりしますので、ぜひ、いろいろなところにアイデアを投げてみてください。

　私の経験では、ロボット、宇宙、農業、米、マグロ、うなぎ、スポーツあたりは経営者の関心事のストライクゾーンになっているように見受けられます。

ポイント

新規事業の検討範囲は、あるようではっきりしたものは存在しない。このため、まずは「ざっくり」と自分のやりたい

ことを決める。そして、しばらくは具体的なアイデアをいろんな方向にたくさんぶつけながら、「ストライクゾーン」を探っていく(自分で決める)ようにしましょう。

phase 1-6
周囲の「エセ正義の味方」からの抵抗を織り込んでおく

　実際に、検討をしていくと必ず、周囲から「それはむずかしい」「以前、やったけどうまくいかなかった」「誰もやっていないということはできないんじゃないか」「本当にできるのか証明してよ」といった「ネガティブな見解」が出てきます。

　場合によっては、「今までやったことのないことをやれ」と言っている人が、手のひらを返すように「今までやったことがないからダメだ」と言い出したりします。ここまで矛盾していると、もう提案者には意味がわかりません。
「失敗しない/リスクを回避する」という観点では、健全な「ネガティブな意見」というものも、検討するべきですが、それには必要なタイミングがあります。しかし、新しい事業をはじめる最初の段階では、これは邪魔になります。

　一般的に、人は変化をあまり好みません。したがって、新しいことをやるときに「ネガティブな見解」は正常な反応でもあります。こういう反応が出てくるのは、新しいことにチ

ャレンジしている証明でもあるので、むしろドンと構えていいと思います。

　事業の検討を進めていくときには、どこかで「ネガティブな見解」を集めて、それに対する反論を考えるタイミングがあるので、予期しないタイミングでもよい機会だととらえて、「貴重なご意見をありがとうございます」と、応じることも必要です。

「Japan Innovation Network」では、新しいことをはじめるときに前例主義や現状維持を盾にする人を「エセ正義の味方」と呼んでいます(図表1-4)。

　実際には必ずしも悪意を持っているわけではなく、本当に

■ 図表1-4　エセ正義の味方

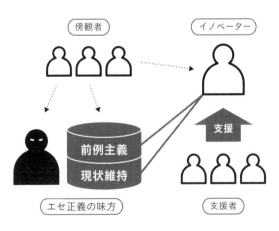

出所:「Japan Innovation Network」https://ji-network.org/about/issue/

心配してくれる人もいて「あれは大丈夫なのか」「本当にうまくいくのか」「うまくいかなかったらどうするのだ」と声をかけてくれたりするでしょう。

とはいえ、親切で言ってくれていることはわかりつつ「ひとまず、やってから考えさせてくれよ」と、あなたが言いたくなることもあるでしょう。

よく私がたとえるのが、ちょうど寝ようとしているときに、「枕の固さは大丈夫？」「本当に寝られそう？」「寝られなかったらどうする？」みたいなことを言われるのに似ているという話です。ついつい「うるさい、放っておいてくれ」と言いたくなりますが、本当に心配してくれているだけに、それを口に出し、無下にするのも悪いな……という気持ちにもなります。

私が何をいいたいかと言えば、こうしたことが、誰にでも起こることを覚えておいて欲しいということです。

参考までに、私は反対意見を述べてくれた人に関しては、感謝しつつ、以下の点を確認するようにしています。

- 批判的な意見自体が、もっともな内容かどうか（「なぜ、そう考えるのか？」と聞けばわかります）。
- それに対して、代案があるか（「○○さんが私だったらどうしますか？」と聞けばわかります）。
- 具体的に自分に対して何らかのアクションをしてくれたのか。アクションをしてくれるのか。

こうした質問をすれば、本当にその人が自分のことを考え

てアドバイスしてくれているのか、単に感想を述べているだけなのはわかります。「特に何かをする気はないけれど、意見を言いたいだけ」の人の意見は丁寧に対応しつつ、一応、聞いておけばよいでしょう。

逆に、真剣にアドバイスをくれる人は、その後も定期的に親身にアドバイスをくれるようになります。そうやって、「周囲にアドバイスをくれる人とそうでない人」が自然と区別できるようになってくるものです。

ポイント

新しいことをはじめるときには抵抗勢力、反対意見は必ず出るものだということを覚悟しておきましょう。そういう人たちともうまくやることが大事です。コツは「ありがとうございます」とお礼を言い、きちんと意見を聞いておき、しかるべきときにその後、自分一人で判断することです。

phase 1-7
やるべきことは「シンプルな問いに答えていくだけ」と考える

新しい事業を考えるときは、具体的に何をするのでしょう。

いろいろやることがたくさんあって複雑だと感じてしまいますが、むずかしいことはありません。決まったシンプルな

質問にシンプルに答えていくだけです。
「シンプルな」とは、簡単という意味ではありません。むしろ単純なだけにきちんと考え抜いていないと、はっきりと答えにくい質問です。

　たとえば、「このサービスの強みは何か？」という質問はシンプルな質問ですが、これに答えるためには、他のサービスもよく知っていて、さらに顧客が、あるサービスと他のサービスを比較してどう思うか、ということまで考えていないと、答えることができません。この質問に、明確に答えるには、あなたの考えが明確にまとまっていないといけません。

　phase 3からは、シンプルな質問に答えていくかたちで検討を進めていきます。

　たとえば、次のようなものです。

　・Why？　——なぜ、その事業をするのか？
　・What？　——何をしようとしているのか？
　・How？　——どうやって実現しようとしているのか？

　これらの質問の意味がわからないという人は、ほとんどいないと思いますが、この質問に対して、スラスラと答えられる人もあまり多くないようです。それでも質問に答えていかなければいけない理由が、三つあります。

　一つめは、問いにシンプルに答えていくことで、頭の中を整理することができるからです。考えにまとまりがない、曖昧なところがあると、きちんと答えられないため問題点や自分が曖昧にしているところが浮き彫りになります。

実際、私は最初に「誰に、どんなサービスを提供しようと思っていますか」と聞くようにしていますが、それに明確に答えられる人は多くないのが現状です。

　二つめは、何もない状況で他人が理解できるのは、ごく基礎的な情報だけだからです。あるいは、ごく基礎的なところを理解できていないと、商品やサービスの複雑なことは理解できません。

　そもそも誰に何をしようとしているのかを理解できないでいると、売り方や作り方、特殊な状況など理解できるわけがないので、最初に、このシンプルな質問に明確に答えておくことは重要です。

　三つめは、結局、そうすることが一番、効率がよいからです。いきなり時間をかけて細かいところを作り上げて検討するよりは、ある程度、抽象的な段階であっても、骨子だけを決めておけば、そこから「よい/悪い」「やる/やらない」は考えられるはずです。

　詳細な情報がないと議論ができない、意思決定ができないというのは、多くの人が陥る罠です。徐々に議論を深めながら、自分ならどうするのか、具体的にするイメージを持ちましょう。そのためにあなたがやるべきことは、シンプルな問いに答えることだけなのです。しかし、それがむずかしいのです。

ポイント

　新規事業を検討する際にやるべきなのは、「Why？」「What？」「How？」などのシンプルな質問です。その答えに誠実に向き合うことでアイデアが形になっていきます。これをやることで、自分の課題が明らかになります。

phase 1-8
検討はどこからはじめてもよいが最後は全部埋める

　あなたが新しい事業を検討するときには「この項目を検討すればよい（しなければいけない）」というものがあります（会社によって多少の項目の違いはありますが、基本的には似たようなものになっています。項目別の検討の仕方、書き方については、phase 3で説明します）。

　既存のビジネスであれば、一般的には過去のデータを分析し、そこから課題を発見して、それに対して、何らかの解決策を考えていきます。それを計画に落としていくという順番で事業計画を策定します。

　新しい事業は、「とりあえず、決まっている」ところから埋めはじめて、仮の決定をしながらどんどん埋めていき、調整をしながら完成させていくという順番で事業計画を作って

phase 1 新規事業の「考え方」と「陥りやすい罠」

いきます。

　これは細かく検討していくと、個別に矛盾するところが出てくるために、どうしても後から直すことが出てきたり、正解がその時点ではわからないところが出てくるからです。

　ちょうどあなたがどこかへ旅行に行くとき(あるいは、飲み会、遊びの計画や引っ越し、結婚式の準備などでもよいのですが)をイメージしてもらうとわかりやすいのではないかと思います。

　行きたいところから決まる人もいれば、いっしょに行く人から決まる人もいるでしょうし、仕事の都合で日程から決める人も、予算、ホテル、旅行のコンセプトから決める人もいるでしょう。

　とはいえ、最終的に出発する前までには、これらの項目のすべてが決まっているものです。

　つまり、検討する中で行きたいところと日程、予算が合わないので、どちらかを変更したり、それ以外はすべて大丈夫なのだけれど、いっしょに行く人の都合がつかないことによるやり直しなど、細かいところは調整しながら、現実的な計画にしていくものです。

　新規事業の計画作りも同様です。スタートは自社の技術や資産を活用することだったり、社員の夢を実現することだったりと、さまざまなところからスタートしますが(スタートしてよいのですが)、最終的には、新しい事業に必要なすべての項目が埋まっていて、その時点では矛盾していないことが重要になってきます。

ポイント

　新しいことをはじめたときは、どこからはじめればよいのか、迷う必要はありません。どこからでも構わないので、自分の考えやすいところから考えること。それでも迷うようであれば、制約が一番きついところから考えることです。

phase 1-9
「儲かるかどうか」だけにこだわらない

　新しいビジネスを検討していて、ふと立ち止まって考えてみると、突然、不安になることがあります。特に、売上や利益の具体的な数字が出てくると、急に現実味が出てきて、「これでやっていけるだろうか」と心配になります。たとえば、私が多くの人にお会いして議論する中で、よく出てくる言葉が、「市場規模が小さい」「売上が小さい」「利益率が低い」というものです。もちろん、市場規模が大きくて、売上が大きく、利益率も高い新しい事業が考えられれば、大変、すばらしいですし、いくら儲かるかというのは、ビジネスにとっては、一番大事なことです。

　しかし、新しいビジネスを検討するはじめの段階では、これらは後回しでいいのです。なぜなら、あらゆることが全部決まってくれば、これらは結果的に決まるものです。

「買ってくれる人がそもそもいるのか？」「いったい、いくらで商品やサービスを買ってもらえるのか？」「何人くらいが買ってくれるのか？」「1年間で何回買ってくれるのか？」が決まると、売上は決まります。そして、それがいくらで作れるのか/提供できるのかが決まると、そこで製品の原価と「売上－原価」の計算をして、利益が決まります。

　もちろん、いくつ売れるかが決まらないと、いくらで作れるのか決まらないので、ここでも調整が入ります。その後、この事業を提供するのに、どれくらい人数が必要で、どんな設備が必要で、かかるお金はどれくらいなのかが決まれば、最終的に「利益はいくらになりそうなのか」という計算もできるようになるのです。

　過去の経験がない中で、仮定を置きながら計算し、検証と修正していきながら、なんとか理論値としてはこれくらいの利益が出る、というのが実情です。

　そもそも販売価格が100円なのか、150円なのかで売上が1.5倍も変わってしまうわけですし、スタッフの人数が5人なのか、50人なのかで人件費が10倍も違ってきます。過去の経験や比較するものがない中で、いきなり「利益を述べよ」という方が、そもそもムリがあります。

　既存事業で計画を立てるときには、通常、昨年の数字を参考にして、「売上は○％アップ」「費用は増えるかな？　減るかな？」などと考えながら、それぞれの項目の数字を増減させながら、利益を計算していきます。新規事業の場合には参

考になる数字がないため、最初に、「仮置き」をしてからスタートします。

　たとえば、企業向けに新しい研修プログラムを売ろうと考えたとしましょう。仮に、1社当たりの単価を100万円として、60社に売ることができるとすると、これで売上が「100万円×60社=6000万円」となります。

　また、研修を実施するときに約30%はさまざまな費用としてなくなる(原価)ので、利益は「6000万円×70%=4800万円」になります。さらに、この事業を継続するためには、スタッフを3人雇って会社の賃料などを考えると経費が3500万円程度、そうすると営業利益が年間で1300万円程度になるなという計算になります。

　一旦、計算をしたものを見ながら、「顧客が本当にこの価格で購入するのだろうか？」「原価は適正か？」「本当に3人で60社売れるのだろうか？」「売るためにもう少し経費をかけた方がいいのではないか？」を考慮しながら数字を調整していき、最終的にすべての条件を満たすような目標を決めていくのです。

　このような試行錯誤をする中で、ビジネスのサイズや投入するリソース(お金)を検討しながら、売上や利益を検討していくので、ある程度、調整する余地があるのです。

　さすがに、儲からないビジネスを儲かるように調整することはできませんが、ある程度、不確実な数字を扱っていくため、「宣伝にお金がかかりすぎるので、宣伝のお金を減らし

ていこう。その代わりに、売上の個数は減らそう」など、試行錯誤の余地はあります。はじめは、売上や利益だけに神経質になりすぎずに、後から計算するつもりでいてもいいのです。

ポイント

ビジネスにおいて「利益」は大事だが、それだけにこだわっていると計画が立てられません。儲かるのかどうかは、非常に重要なことなので必ず計算しなくてはいけませんが、さまざまな検討の最終的な結果です。実際には調整できるものだということを覚えておきましょう。

phase 1-10
検討プロセスは「最初ざっくり、次に細かく」試行錯誤しながら作る

　事業計画の書き方の教科書には、情報収集、分析をすると打ち手が洗い出されて、その中から意思決定をする。さらに、必要項目を埋めていくと事業計画が完成すると書いてあります。検討が直線的に進むイメージです(図表1-5)。

　新規事業に関しては、これは当てはまりません。なぜならば、やりたい事業について調べていると、考えていたものとは異なる買い手がいるなどの事実が発覚し、それをもとに修

■ 図表I-5　検討のプロセスは「直線」ではなく「螺旋」

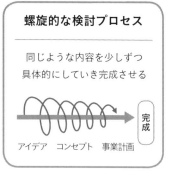

正していくことになるからです。商品が当初想定していたお客さまには売れずに別の層に売れることがよくあります。よく知られている事例では、ベビーローションやベビーオイルは、もともとは赤ちゃん向けの製品ですが、これが若い女性に売れています。マツダのロードスターも、もともとは若者向けのスポーツカーですが、実は、子どもがすでに独立した老夫婦に人気があったりします。

　新規事業の検討プロセスは、最初はとりあえずざっくりとだけ決めておいて、それを検証して整合性を取りながら、具体的にしていくイメージを持つとよいのではないかと思います。

　ただし、細かいところを細かく作りすぎると、後で他との矛盾が生じたり、全体のバランスがとりにくくなったり、結果的に最初から再検討し直すことになるなど、非効率なこと

が多くなりますから注意が必要です。

　ちょうど日本画を描くときに最初に輪郭を書くように、あるいは、彫刻で最初に粗く全体像を掘り出してから細かいところを彫っていくようなイメージを持つとよいのではないかと思います。

ポイント

**　スタイリングが上手と評判のヘアスタイリストも最初に、お客さまの髪をざっと切った後、細かいところを調整します。バランスを見ながら全体を整えるのです。先に細かいところを作り込んでしまうと、他のところで辻褄が合わなくなってしまうからです。**

phase 1-11
コミュニケーションや意思決定は「一発勝負」より「すり合わせ、追尾式ミサイル」で

　新しい事業はわからないことが多く、いきなり詳細に計画を作ってしまうのは危険です。どこかのタイミングでダメ出しされるとそれまでの時間がムダになってしまうという、悲しい事態を招くことがあるからです。

　新しい事業のアイデアを考えているという人に、「どんなアイデアなの？」と聞くと、「もう少し検討してから見せ

る」と言うので、しばらく待っていて、また尋ねると「もう少し検討してから……」となかなか見せてもらえないことがあります。

そうこうしているうちに、時間がたっても、結局、進んでいない、時間切れで見せてもらうとイマイチ……。だったら、もう少し早く見せて欲しかったというケースがあります。「他人に見せるからには、完全なものを見せたい」「自信を持って見せられるようになってからにしたい」という気持ちはわかるものの、結果的に進まないのであれば、多少、内容が不完全でも、周囲に意見や感想を聞きながら、前に進めた方がよいでしょう。

新規事業の検討は、アイデアを考えるときには、ある程度の「明るさ」「いい加減さ」「なんとかなるさという気持ち」が必要です。完璧主義にとらわれると進まなくなるので、「進める」ことを重視してみるべきでしょう。

会社の中で、新しい事業を進めるときも同様です。周囲も「本人ががんばっているから」「若い人に任せたし……」という理由でよかれと思って話しかけずに、ほったらかしになっているのです。気がついたら本人は苦労しているものの全然進んでおらず、チェックしてみたら進んでいなかったということが多くの場所で起きています。

既存事業はこれまでの経験があり、そのため「どんな点を報告するべきなのか」「何が起きるか」「何かあったときに、どのような手を打つべきなのか」がお互いわかっています。

一方で、新規事業は経験もなく、検討範囲も広いので、より密なコミュニケーションを取りながら、細かく議論を行い、軌道修正していく必要があります。

また、細かく意思決定をすることで、細かくリスクを避けることができます。いきなり5000万円を全部投資することを決めるよりは、まず、はじめの調査で200万円投資をする、その上で可能性がありそうだったら、追加で1000万円をかけて少し試してみることです。

自信がついたら最後に3800万円をかけて本格的に取り組むほうが、万が一、途中でうまくいかない場合も切り上げられます。また、方向転換したり、それ以外のことに取り組むことができるため、成功確率を上げることができます(この分野はリアルオプションという分野で数学的に説明されています。興味がある方は調べてみてください)。

不確実性の高い新しい事業では、少しずつ意思決定していかなくてはいけないので、「提案する人」vs「承認する人」という関係も健康的ではありません。提案する側も完璧に検討しきれるわけではなく、承認する側も100%責任を取り切れるわけではないためです。

「いっしょに相談しながら、なんとかうまくやっていこう」という関係と、細かく状況を報告して、必要な情報を連絡し、困っていることはマメに相談して意見を求めておくことが大事です。

「螺旋的なプロセス」をイメージしつつ、少しずつ周囲から

意見や感想をもらいながら、上手に修正しながら正解に向かって進めていくイメージを持つとよいでしょう。

ポイント

新しい事業を考えるときには、一発で結論を出せることは必ずしも多くありません。細かく周りの人や協力者とコミュニケーションをとり、すり合わせをし、一歩一歩確実に進んでいくことが大事です。

phase 1-12
新規事業は手間がかかるが、それこそが楽しい

phase 1 では、新しい事業を考えるときには、新しい事業を考えるための頭の使い方があり、既存事業の計画を考えるときとは違う考え方をするということをお話しました。

あなたはここまでで、どんな感想を持ちましたか？「そんなことは当たり前だ」と思いましたか？「随分、面倒だなぁ」と思いましたか？「自分ができるのか」と心配になりましたか？　それとも、「ワクワク」しましたか？

私がイメージするのは、「白いキャンバスに絵を描く前の気持ち」「旅行を計画するときの気持ち」です。ちょっと緊張しますが、ワクワクもします。全部が自由です。

確かに、どんなこともはじめは手間がかかりますし、大変

だったりします。進めていく中で「正解があれば、どんなにラクだろう」と思ったりするかもしれません。しかし、それが新しい事業をはじめる楽しさなのです。せっかくやるのであれば、本気で取り組んで、十分、楽しんでみてください。

　私はこれからの時代のビジネスパーソンに必要な能力は、「どんな状況に置かれても、自分で考えて周囲を巻き込んで行動し、成果を出せる」ことだと思っています。正解のある問題を解く能力、決められたことをきちんと決められた通りにやる能力は、近いうちにAI、ロボットに置き換わっていきます。問題を自ら定義して、それを解決していくことが、最後、人間に残る仕事なのではないでしょうか。

ポイント

一番、むずかしくて楽しい仕事の代表が、新しい事業を作る(ゼロからイチ)ところです。あなたの考え方は、ここまでで、切り替わりましたか?

phase 2

アイデア出しの定石を踏む

「何か新しいことをやりたいなぁ」と思ったときに初めに悩むのは、「何をやったらよいか」ということです。「あなたが本当にやりたいことをやりなさい」「自分ができることからはじめなさい」「このビジネスは手軽に儲かる仕組みがあるからはじめやすい」など、周りの人たちからさまざまなアドバイスがあります。

多くの人の本音は、「それがわからないし、決められないから困っている」ということではないでしょうか。

でも、心配はいりません。

初めからやりたいことが明確に決まっている人は、ほとんどいませんし、最初のアイデアが絶対に正しいと確信を持ってはじめる人も多くありません。ほとんどの人は、漠然と「いいなぁ」と思っていることや「やってみようかなぁ」と思ったことに取り組み、そこで試行錯誤しながら、最終的に自分のやりたいこと、やるべきことを決めているのです。

それでは何となく待っているだけで、自然とアイデアがわいてくるのかと言うと、そんなことはなく、意図的にアイデアを出す必要があります。アイデアには、出し方があるのです。

この手順を踏めば、必ず成功するアイデアが出るという万能なものではないものの、いくつかの原則と方法を知っていれば、多くのアイデアを誰もが出すことができるようになります。アイデアの数が出るようになれば、あなたに相応しいアイデアも同時に出てくるようになります。

私も自分の会社を作るときには最初に、たくさんのアイデ

アを出しました。振り返れば、そのときにはベストだと思ったものが、自分が想定する顧客に尋ねてみるとニーズがなくてがっかりしたり、市場が狭すぎて予定を変更するという繰り返しでした。しかし、きちんと事実を受けとめて修正作業を丁寧に行ったおかげで、今の事業があると思っています。

　phase 2では、アイデアを出すときの原理、原則、方法論について、あなたが使えそうな方法を紹介していきます。

　何をやっていいかわからない人は、まずは、このステップに沿って取り組んでみてください。やりたいことがすでに決まっている人も、「本当に自分が考えているアイデアがベストなのか(それ以外の方法がないか)」を確認するために、phase 2のステップに沿って、一度、取り組んでみてください。

phase 2-1
アイデア出しに関する三つの誤解とは？

　新しくビジネスをするときに正解はありません。そのため複数のアイデアを出して、それぞれを並行で検討、試行錯誤して、一番、よさそうなものを選びながら考えていきます。

　私も最初は一生懸命アイデアを出してみたものの、考えているうちに「何が正解なのか」わからなくなって途方にくれることがありました。

　しかし、あるとき、それも仕方がないことに気づき、受け入れることにしました。私たちが学校や企業で教えられてい

る「効率よく正解にたどりつくタイプの問題」と「新規ビジネスの立ち上げ」は、似て非なるもの——違うアプローチであることに気づいたからです。学校で学んだ方法を新しいビジネスを考えるときに応用することに違和感があるのは、当然です。では、この違和感を回避するには、どうすればいいのでしょうか。

新規事業のアイデアを出すときには、最初は「とにかく数をたくさん出そう」と決めることです。数をたくさん出す過程で、自分の理解が進み、やがて質がついてくるようになります。

とはいえ、たくさんアイデアを出すことができず、悩んでしまうこともあります。

それはアイデアの出し方に関して、誤解をしているために身動きがとれなくなってしまうからです。では、このような状況に置かれたときには、どのように考え、行動すれば思い込みや迷いのループから抜け出せるのでしょうか。

ここについて整理するために、まずは、多くの人にとって、たくさんのアイデアを出すときの足かせとなっている「三つの誤解」について考えていくことにします。

✗ 誤解1
新規事業のアイデアは、新しくなければならない

> ○ 真実
> **アイデアは新しくなくてもいい。既存要素の新しい組み合わせや二番煎じで十分。**

　新しいビジネスを最初に考えるときのアイデアは、必ずしも新しい必要はありません。「これまでにない」「聞いたことがない」アイデアにこだわってしまうと、何も出なくなってしまうためです。

　実は、世の中で新しいビジネスと呼ばれるものは、すでにアイデアがあったものやその組み合わせがほとんどです。実際に、世の中にまったくないビジネスというものは、「顧客がいない/少ない」「物理的に実現が不可能(提供ができない)」など、理由があります。アイデア自体の新しさは、もちろん、あればよいのですが、必ずしもそれにこだわる必要はありません。

　検討を進めていく中で、事業の新しさというのは、これからの検討でいくらでも作っていくことが可能です。私がよく知っている例では、表参道に「ロールアイスクリームファクトリー」という会社があります。ここの商品であるロールアイスクリーム(鉄板に伸ばしたアイスクリームをヘラで丸めた商品)自体はタイの屋台発、ニューヨークで流行したものです。アイデア自体が新しいわけではありませんが、これを日本に持ってきたところに新しさがあり、表参道の女子中高生が「見

ためがかわいい」アイスクリーム食べたさに並ぶ話題店になりました。

その他にもIT業界では、大手企業向けに開発したシステムをパッケージ化してクラウド上で中小企業でも使えるようにしてビジネスを展開するなど、対象となる顧客を変更して新しいビジネスを興していますが、こういうやり方は、一般的です。

アップル社のiPhoneやiPadは、多機能で大画面な電話やタブレット型のパソコンなど、すでにアイデアとしてあったものを、非常に洗練された商品、究極まで使いやすさを追及し、世の中に出した結果として「初めて売れた」製品になったのです。

テスラ社(アメリカ、シリコンバレーを拠点とする電気自動車会社)の自動運転型の自動車もアイデアとしては、比較的、昔からあったものですが、それから実際に動くものを作り、一番早く製品として市場に投入できたことに価値があったのです。

日本ではアメリカでスタートしたビジネスモデルを日本に持ってきたものも多くあります。

ニトリ社の社長がアメリカの家具屋に視察に行ったときに、「同じことが日本でも起きる」と言った話は有名です。また、ソフトバンク社の孫正義社長も「タイムマシン経営」というスローガンを掲げ、IT業界ではアメリカで流行ったものが10年後、日本で流行るというコンセプトを打ち出していました。多くの飲食店もビジネスモデルは基本的には同じです。メニ

ューや立地、最近では、少し「インスタ映え」するように仕立てるなどを工夫して、特徴を出しているのです。

実際に「市場に一番に入る＝市場を創る」のは、大変な作業です。ですから、二番手、三番手から入ることも視野に入れてよいのだと思います。市場を創る費用は一番手の会社が支払っていて、その結果から失敗も成功も十分に分析できます。二番手、三番手も、より効率的に市場に参入できる可能性があるので、十分、考えるべき選択肢です。

アップル社の創業者でイノベーションの代名詞であるスティーブ・ジョブズ氏も「アイデアとは既存の要素の新しい組み合わせ以外の何ものでもない」と言っています。必ずしもゼロからイチにこだわらずにアイデアを出していけばいいのです。

> ✘ 誤解２
> アイデアは、すぐに事業になるもの（実現できるもの、儲かるもの）でなくてはならない。
>
> ○ 真実
> 可能性があるものは、すべてOK。実現できるか、儲かるかは後で検証する。

また、すぐに実現できて、すぐに儲かるアイデアがあれば、それに越したことはありません。しかし、実際には、そのよ

うなものは、なかなかありません。もしあっても、それは誰かがやっている場合がほとんどです。

　ビジネスにおいて、「実現できる」こと、「儲かる」ことは必須です。しかし、ここにこだわりすぎると、どうしても検討範囲が狭くなってしまいます。新しいビジネスを考える際には、必ずしも実現できるのかわからない、儲かるのかはわからないのだけれど、上手にやれば儲かる可能性があることまで検討に入れないと、アイデアの幅が広がらないのです。

　ここは一旦、「実現できるか」「儲かるか」の枠を少し緩めて、幅広く、アイデアを出すようにしてみましょう。

　ただし、絶対に実現できないもの(タイムマシンのようなものや、個人でダムを作るといったあまりにむずかしそうなもの)や確実に儲からないものは、止めておくのが無難です。直近では技術の進歩もめざましく、さまざまなビジネスモデルも開発されていて、「絶対に無理」だとは言えない状況になってきているので、ここは判断がむずかしいところです。機能としては低いものでも、デザイン性が高い、環境にやさしいなど、これまでの常識では売れないものが売れるケースも増えていたりします。「絶対に無理」だと思うのは外しておいてください。

　ただし、「もしかしたら、実現するのはむずかしいかもしれないなぁ」「本当に儲かる(利益がでる)のだろうか、そこは微妙かもしれないが興味がある」程度であれば、そこは具体的に利益を計算するタイミングまで、アイデアとしては残し

ておくようにします。

> **✕ 誤解3**
> 調査をしないとアイデアは出せない。
> **◯ 真実**
> 市場調査はあくまで「情報」の一つ、自分自身がパッションを持てることが大事。

　もちろん「調査しないと新規事業のアイデアが出ない」という意見を否定するつもりはありません。あなたがそう思うなら調査すればよいのです。アイデアが出るのなら……。

　そこで得た情報はとても大切ですし、発想のきっかけにもなるので、情報はあればあるほどよいと思います。

　しかし、「調査さえしたら自然と新しいビジネスのアイデアが出てくる」「調査をしないと新規事業のアイデアは出ない/決まらない」と考えているのであれば、それも危険です。調査によって情報は増えますが、最終的には、自分で考えなければいけないからです。

　この調査至上主義は多くの会社やビジネスパーソンに根強いです。しかし、実際に調査してみるとわかりますが、「顧客のニーズがあって、規模が大きい」市場は確かにあるものの、そこは多くの場合、激戦区です。逆に、顧客ニーズがあるものの、市場がまだないケースは、ニーズがそれほどでも

なかったり、市場が小さい。あるいは、そのニーズを満たすことができないなど、何らかの理由があることがほとんどです。どこで何をするのかは、最終的に自分で判断することになります。

　最近の新規事業や新商品開発のケースであるのが、「顧客に聞いてもわからない」という問題です。

　顧客に聞いてみたら「いらない」と言ったのに、実際に商品にしてみるとよく売れたという現象です。

　実は昔から言われており、ヘンリーフォード(自動車)は、「もし顧客に、彼らの望むものを聞いていたら、彼らは、もっと速い馬が欲しいと答えていただろう」と言っています。スティーブ・ジョブズも「多くの場合、人は形にして見せてもらうまで自分は何が欲しいのかわからないものだ」と発言しています。

　過去、携帯電話の調査でも顧客は、「公衆電話があるから携帯電話はいらない」と言っていたとあります。スマートフォンについても「アンテナもない、着メロも使えない。こんなものは使わない」という意見が大勢を占めていました。しかし、実際に携帯電話が世の中に出て、そこに便利な機能がついているとわかると、多くの人はその機能がついた携帯電話を持つのです。やはり、「使ってみないとわからない」ということでしょう。

　世の中にあるデータや情報、市場調査(主に、ユーザー調査)はもちろん、悪くありませんが、それがすべてではありませ

ん。最終的に新規事業をスタートする際には、さまざまな調査を実施する必要があります。しかし、最初のアイデアを出す段階では、調査に頼り過ぎてはいけません。この後、さまざまな変更や試行錯誤をすることを考えると、どちらかと言えば、あなたがやりたいこと（個人の夢、ワクワクすること）を重視することをオススメします。

やむを得ない方向転換をするときやうまくいかないことがあったときでも、「パッションを感じる」ことができていれば、人は頑張れるものだからです。

phase 2-2
「新しいビジネス」で押さえたい四つの視点

新しいビジネスを考えてみようと思って、いくつか考えてみると、初めのうちは「昔からカフェをやってみたかったからやってみようかな」「塾の先生なら自分でできるぞ」「最近、ココナッツオイルが儲かるって聞いたなぁ」など、何でもできそうな気分になります。

しかし、しばらくすると、「でも、それはお金がないからできない」「それはこの地域ではあまり需要がない」「よく考えたらココナッツオイルなんて興味ないなぁ」などと考えて、逆に、何もできないような気分になってしまいます。

このようにならないためには、アイデアを考えていく上でアイデアを出す視点を持つことが大切です。これから説明す

る視点でアイデアを整理していくと、途中でこうして途方にくれることがなくなります。四つの視点を行き来しながら、あなたはどんなビジネスが向いているのか考えてみてください(図表2－1)。

◻ 図表2-1　新規事業を検討する際の四つの視点

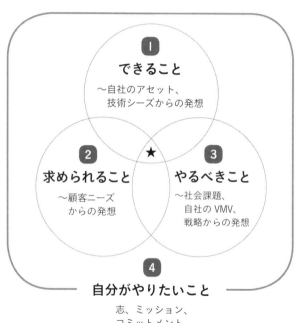

◇ 視点1

`シーズ、アセット` ➡ **今、「自分/自社」ができることは何か**

一つめは、「できることから考える」方法です。個人のレベルで言えば、本当に「自分が(行為として)できること」「自分が持っているもの」です。すでに身につけているもの、得意なこと、自分しかできないことが、これに当たります。会社のレベルで言えば、資産だったり、技術だったりします。

とはいえ、このときに「純粋に世の中で自分しかできないこと」に、こだわりすぎる必要はありません。世の中で「本当に自分/自社しかできない(自分/自社以外ではできない)」ことは、ほとんどないことは、すでに述べた通りです(あるのではあれば、すばらしいことですが)。

ですから、ここにこだわるよりは、就職活動のときに「自分が持っているもの/できること」は何かを周囲に聞いたのと同じような気持ちで、自分や自社の資産やスキル、技術の整理、棚卸しをしてみることがオススメです。

「できること」から考えることのメリットは、それが実現可能であることがわかっているので、現実的なアイデアが出てくることです。一方で、非常に現実的になるので、変わったアイデアや突拍子もないアイデアは出にくいものです。また、「自分ができる」からといって、それが「本当に求められている=お金を払ってもらえるか」は別問題です。多くの企業

では、技術シーズをベースに新しい事業をスタートしようとしてうまくいかないことも多くあるのが、その例でしょう。

まずは、あなたが「できること」を書き出してリストにしてみてください。謙遜せずに、ポジティブに、可能な限り幅広く書いていくのがコツです。

もちろん、あなたの主観的な評価も大切ですが、一方で、客観的に見て「そう見える(評価される)」というのも大事です。もしよくわからないようであれば、周囲の人にも聞いて、客観的な評価も聞いてみることをオススメします。いろんな人を知っている、評判がよい、きちんと時間までに仕事を仕上げることができる、わかりやすく説明できるなど、自分自身では気がつかないことも多く得られると思います。

会社であれば、「きちんと期限までに納品ができる」「取引先にはよく名前が知られている」「会社として営業の仕組みが整っている」など、一見、当たり前に思っていることであっても、外部から見るとうらやましいこともありますので、改めて自分や自分の会社ができるもの、持っているものを書き出しましょう。

書き出してみて、「意外にも、自分や自社ができることがある」と思うことができれば、このワークは完了です。思えなかったら、まだまだ、考える時間が不足しているので、やり直しです。

一つひとつ書き出してみるといろいろな可能性を見つけることができると思いますので、納得できるまで作業してみて

ください。

　新しいことを考えるときに、この「自分/自社は思っていたよりも、すごい」という感覚は大切です(自己肯定感と言います)。どんな人や会社でも、客観的に見ると「できること」「持っているもの」はあります。自信がついたら、次の視点に移りましょう。

◆視点2
ニーズ ➡「自分/自社」が周囲から求められていることは何か

　二つめは、「周囲から求められること」から考える方法です。これは、顧客のニーズ(顧客が必要だと感じるもの)から考えていくものです。個人で取り組む場合、企業で取り組む場合を問わず、顧客となる人の「こういうものが欲しい」「こういうことを誰かやってくれないかなぁ」と、感じていることを拾い上げるわけです。新たなビジネスをはじめるときに、「他人/他社によく頼まれること」をサービスにするということです。

　個人であれば、友人から「ちょっと相談にのって欲しいことがある」「少し文章を書いて欲しい」「イラストを書いてもらえないかなぁ」「こんなことに困っているんだけど、人を紹介して欲しい」などです。こうした「ちょっとした相談」として、あなたのところにくるものがあれば、それがビジネ

スのチャンスとなります。

　実は企業も同様で、よく探してみると、「御社で○○という商品・サービスはありませんか」という問い合わせは、意外にもあったりします。このときに「ありますよ」と答えられるようになることが、新しいビジネスを生むのです。

　本当は、「世の中のまだ満たされていないニーズ一覧」のようなものが存在していて、その中から「何をどうやって解決していこうか」と選べればよいのですが、そういうものはありません。顧客ニーズの探し方としては、日々の生活で、「常に満たされていないこと/ものがないか」を探してみたり、特定の層にインタビューをしながら、地道に満たされていないニーズがないかを探すことが重要です。

　幅広く、一般的な顧客のニーズを考えるフレームワークとしては、「お客様の六つの不」というものがあります。これは、ある顧客像（顧客となりそうな人）を設定して、不満、不足、不便、不利、不快、不安を考えてみると、その中に、「顧客が欲しいもの/あったらよいもの」が見つかるという考え方です。たとえば、家族に受験生を抱える親が学習塾サービスに対して、

- 不満：子ども（受験生）の学習状況がわからない（親が把握できない）。
- 不足：自分自身に子どもとコミュニケーションする時間が圧倒的に足りない。
- 不便：塾の先生と話したくても決まった時間しかない。

- 不利:自分の子どもは、特別に優秀でも問題があるわけでもないので、フォローが手薄。
- 不快:模擬試験の結果を確認するたびに、「どうやって結果を読めばよいか」がわからない。
- 不安:これから受験日までにどのようなことが起こるのかわからない。

というように、顧客が感じる気持ちを考えるためのフレームワークとして用いられます。最近では多くの便利な商品・サービスが出てきたために、顧客の「不」がなかなかなく、顧客自身も気がついていないニーズ(アンメットニーズ)を探ろうという考え方のもと、もう一歩進んだ方法論として、「デザイン思考」も注目されています(図表2−2)。これはスタンフォードで研究されている思考法で、優秀なデザイナーの

■ 図表2-2 デザイン思考のフレームワーク

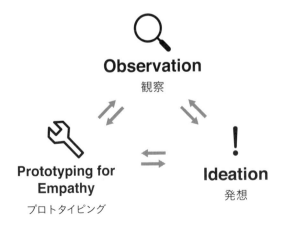

思考法を多くの人ができるようになろうということで、手順化したものです。

人間の行動に注目して、観察し(Observation)、そこから「言葉にはなっていない、無意識のニーズ(あるいは、不)」を探し出して(示唆と言います)、そこを起点にして発想(Ideation)：みんなでアイデアを考える、プロトタイピング(Prototyping for Empathy)：実際にものを作って試行錯誤しながらカイゼンするという方法です。

台所を観察して、多くの家庭では「ガスコンロが三つ同時に使われることはほとんどない(一つは、置いておくために使われる)」ことに気がついて、コンロの中に火のつかないものを用意したのがLIXIL社です。また、「料理をするときは几帳面に調味料の量を測るのに、なぜか冷凍食品のときは適当な量を入れる(冷凍食品を作るのには徹底的に手間をかけたくない)」ということに気がついて、水のいらない冷凍餃子を作った味の素など、さまざまな例が出てきています。

最近では、より広く、人類全体として解決するべき課題(ニーズ)をビジネスにしたいという人も出てきています。そういう人たちは、私たち人類が将来にわたり地球を維持していくために取り組まなければいけない課題として、SDGs(Sustanable Development Goals)という17分野の開発目標と169のターゲット(解決しなくてはいけないこと)を提示したものが世界中で取り上げられています(国連にて採択された世界共通の開発目標)が、世界中で合意されていて企業活動でも注目の分野

phase 2 アイデア出しの定石を踏む

■ **図表2-3　SDGs（持続可能な開発目標）持続可能な開発のための2030アジェンダ**　　出所：国際連合広報センター HP

なので、これを見ておくとよいでしょう。

「顧客ニーズ」をベースにしてビジネスを組み立てると、上手にそれを見つけて、上手に形にすると確実に売れるというメリットがあります。一方で、そうした顧客ニーズ自体が見つけにくくなっています。実際に、あなたも今の生活の中で「必要(Need)なんだけれども、手に入っていないもの」というのは、あまりないのではないかと思います。

　私たちの周囲には簡単に実現するもので、「あれが欲しい」「これがなくて困っている」というものもほとんど残っていません。

　多くの人は、飲めば一瞬で元気になれる薬は欲しいと思いますが、それはおそらく理論的に実現不可能です。また、多くの人は、同じ品質の製品を半額で購入したいと思いますが、これは利益を確保していくことがむずかしいので、ビジネスとして成立しないでしょう。おもしろいニーズがあったとしても、あなたやあなたの会社がやれることと、やりたいことは別問題なのです。

◇ 視点３
ミッション ➡「自分/自社」がやるべきことは何か

　三つめは、あなたやあなたの会社がやるべきことです。やるべきというのは、いろいろな制約や各種の事情により、「仕方なくやらなくてはいけない」という意味ではなく、「人

として(あるいは、会社として)理屈抜きでやらなければいけない(使命)」という意味でのやるべきことです。

　あなたは何のために、新しい事業をやろうとしていますか？　何のために生きているのだと思いますか？

　私がこんな唐突な質問をしたので、驚いたかもしれませんが、この答えとして出てきたものが、あなたのミッションです。会社も同様です。この会社は、何のために存在しているのか？　どんな未来を実現しようとしているのか？　この答えが、会社のミッションです。

　とはいえ、取っかかりは「楽しそうだから」「儲かりそうだから」「自由そうだから」など、どんな理由でも構いません。私自身を振り返っても、最初はあまり深く考えずに新しいビジネスをスタートしてました。自分なりに取り組む中で自分や会社の役割について考え、徐々にやるべきことをはっきりさせています。新しいビジネスをスタートして、多くの人を巻き込み、ともにがんばるときには、「自分たちがこれをやるべき/やらなくてはいけない」という志や共通の目的・ゴールがないと協力者は得られませんし、さまざまなことが起きたときの判断軸が、なくなってしまいます。

　組織やチームを率いるときにも、「志/大義」は強力です。現代のビジネスでは関係者も含めて、多くの人を巻き込みながら仕事をすることになります。そのときに、どのような志や大義で取り組んでいるのかは、意外と周りからしっかりと見られています。

ぜひ、一度、あなた自身のことも考えてみてください。あなたが人生をかけてやるべきことは何でしょうか？　新しいビジネスに取り組むとき、まっさらな状態から検討することができるのであれば、一度は考えるべきテーマなのではないでしょうか。下記のような質問に答えながら、ぜひ、自分自身の人生で「やらなければいけない」ことは何か整理してください。

- 「本当ならこうなったらいいのに／こうあるべきなのに」と強く思うことは何ですか。なぜ、そう思いますか。
- 「制約がまったくない」として、一生をかけて取り組むとしたら、あなたは何をしますか。
- あなたがこれまでの経験で、「悩んだこと」「迷ったこと」「辛かった決断」はどんなことがありましたか。
そのとき、あなたは何を「基準」にして判断しましたか？　判断の際に大切にしていることは何ですか。
- あなたは、周囲からどんなところを褒められますか。

まとめ方としては、一般的な企業と同様に、

Vision：自分はどういう世界を作りたいのか？

Mission：自分はそのためにどういう役割を果たすのか。

Value：大切にしている価値観。

とします。

　会社であれば、経営理念です。経営理念は、会社を運営していくための基本的な考え方を文章にしたもので、会社はこの考え方によって運営されます。多くの会社では、実現した

い社会の姿(Vision)を描き、それを実現するための自社の役割(Mission)が定義されていて、そこで自分たちが大事にする価値観、行動指針(Value)が示されています。

その内容に沿って、当面のビジネスをどのように進めていくかを具体的に説明したものが経営戦略(Strategy)となって示され、会社で新しいことを進める場合には、それらがあなたのやるべきことの候補になります。

「自分/自社」が理屈としてやるべきだからと言って、実際にやれるのか、顧客に求められているのかは別問題ですが、多くの場合、「志/大義」や必然性は重要です。

「簡単に儲かりそうに思えたから」という理由ではじめるケースもありますが、これは、あまりやらないほうがいいでしょう。簡単に儲かりそうだからとスタートしても、途中、さまざまな方向転換が必要になり、その際に、志や大義がないと、どこを自分たちのアンカー(不動点)としてよいのかがわからなくなってしまい、どこにいくべきなのか、やるべきなのか、そうでないのか、判断ができなくなってしまいます。

私の会社は、「企業が新しいビジネスに取り組むのをサポートすること」がミッションなので、基本的には、ここから外れたことはやりません。実際に、個人向けにサービスをスタートしようというアイデアが出ても、私たちのミッションとは、やや外れているために取り組まないという意思決定をしています。

◆ 視点4
ウィル ➡ 自分が本当にやりたいことは何か

　四つめは、個人の問題として「自分が本当にやりたいことは何か」から考えていく方法です。

　これは個人で取り組む場合も、会社の中で新しくスタートする場合でも同様です。もちろん、組織やチームの力は重要ですが、最終的に新規事業を動かすのは想いを持った個人です。ここを忘れてはいけません。

　自分がやりたいことは、自分で決めるしかありません。とは言え、必ずしも自分がやりたいことがはっきりしているわけではないと思います。そのようなときは、次の①②の方法でとりあえず書き出してみるといいでしょう。ここは本音が重要なので、思うことをそのまま書き出してみてください。書き出してみると意外とわかることもあると思います。

① 「できれば、こういうふうなビジネスをやりたい」というのを制限なく、たくさん書き出す

　わがままでも、なんでも構いません。「誰かの役に立つことをしたい(それが実感できるようなビジネスをしたい)」「宣伝しなくても売れる商品でビジネスがしたい」「リスクの少ないビジネスをしたい」「将来的に大きくなるビジネスがしたい」「日経新聞に取り上げられるような新規事業をしよう」など何でも構いません。周りを意識せずに心に浮かんだこ

とやワガママだと思えることでもいいので、書き出してみてください。

② 逆に、「こういうビジネスは嫌だ」を書き出す

「B to Cはやりたくない」「金融ビジネスは嫌だ」「人に頭を下げて買ってもらうのは好きじゃない」「在庫を持ちたくない」「家族に話せないビジネスは避けよう」など、いくつもあると思います。これも自由に書いてください。書き終えたら、自分にとって重要なものに丸をつけながら優先順位をつけてください。

③ ①と②を見ながら「**自分が本当にやりたいこと / 絶対にやらないこと**」をまとめる

①と②を比べてみると、自分自身のビジネスで大切にしていることや本当にやりたいこと(逆に、やりたくないこと)が少しずつ見えてきます。当然のことですが、これから新しいことに取り組むのに、イヤイヤ取り組む必要はまったくありません。あなたが本当にやりたい、やりたくないは、非常に大切なので、一度、整理しておくとよいでしょう。

多くの人が自分のやりたいことよりも「できそうなこと」「必要なこと」を優先していることが多いようです。

その結果、「自分はやりたいかどうかはわからないけれども、できそうなので、やっている」ケースや会社の中では、「自分はやりたいとは思わないのですが、会社としてはやる

べきだと思います」という提案をして、取り組んでみたもののうまくいかない。「自分がやりたいかは別にして、事業としてうまくいくと思うんですよね」と言ってスタートした事業が途中で予定外の状況が起こり、その後、どうしても方向性を見いだせずに、推進力を失うということが起きています。

　事業にはよいときもあれば、悪いときや停滞するときも必ずあります。その際に、やはり、「自分はこれがやりたい」と思うことが大切です。

　ここまで新規事業のアイデアを出すための四つの視点についてお話をしましたが、どこからスタートすればよいかというルールはありません。考えやすいところからスタートしてください。それでも「よくわからない」という人は、「一番、制約がきつい(検討範囲が狭い)」ところから考えるというのを参考にしてみてください。それでも迷う人は、①→④の順に考えてみてください。一般的に制約の強い順番に並んでいます。

　ただし最終的には、四つの視点すべてを満たさなくてはいけません。「自分はできても、顧客から求められていない」ことはダメですし、逆に、「確実に顧客から求められているけれども、自分ができないこと」もダメです。とにかくたくさん出した上で、あなたが「あっ、いいなぁ/いいかもしれないなぁ」と思えるアイデアを見つけることを意識していくことが大切です。

phase 2-3
アイデア出しの原則と発想技法を身に着けよう

　ここからは具体的にアイデアを出していきますが、その前に、アイデアとはそもそも何でしょう？

　辞書的な説明としては、「初期段階の考え」くらいの意味です。ここでは、「ポストイット(75㎜×75㎜)1枚 = アイデア一つ」のイメージでいてください。

　ポストイット1枚に書けばよいので、「ケーキ屋」「Webサービス」などのひと言で、すませてもかまいません。「白金の富裕層をターゲットとしたタルトケーキの専門店」「障がい児を持つ両親(特に、母親)を対象とした、教育に関する悩みを相談できるSNSサービス」などと、具体的に書いてもかまいません。思いついたレベルで書いていきましょう。
「だいたい、どれくらいの数のアイデアを出せばよいのか」と質問されることが多いのですが、特に無理をしてたくさん出す必要はありません。目安は、やることがある程度決まっている場合で、50～100個程度、まったくやることが決まっていない場合には、200～300個程度出せばいいと思います。私が日頃行っているワークショップでは、150～300個程度のアイデアから新事業や商品の案を絞り込んでいます。

　いったい、どうやって300個ものアイデアを出すのだろうかと思うかもしれませんが、ひとまずなんでもよくて、とに

かくたくさん出していくことです。何でもいいと割り切ると、意外と出てくるものです。たとえアイデア出しが苦手な人でも、一つくらいアイデアは出せると思います。それを中心に関連したアイデアを出したり、一部を変更したりしていくと、他にもさまざまなアイデアが自然と出てくるようになります。

　私の会社も「企業を対象とした社員のアセスメントプログラム(社員の能力を評価するプログラム)を提供する」というのが、最初のアイデアでした。それに関連して「アセスメントプログラムに関連した研修を提供する」「アセスメントプログラムに関する資格制度を作って提供する」、対象を変更して、「ビジネスパーソン個人にアセスメントプログラムを提供する」「大学に対して、就職用としてアセスメントプログラムを提供する」などと少しずつアイデアを変えていくことで、アイデアを出し、何をやるかを増やしてきました。

　アイデア出しには、いくつかのルールがあるので、ここで整理しておきましょう。

　アイデアを出す方法は、発想技法という形式でまとめられていて、さまざまなものが提案されています。発想法は大きく2種類に分かれています。一つは、「自由発想法」と呼ばれるもので、内容に制約を加えないで発想する方法です。ブレインストーミングが有名で、こちらは四つのルールを守りながら発想するものです(図表2-4)。

　もう一つは、「強制発想法」と呼ばれるもので内容に無理矢理、制約を設けて発想する方法です。もっとも有名なもの

■ 図表2-4　ブレインストーミング四つのルールと進め方

進め方

テーマを提示する

アイデアを出す

- 思いついた人からスタート！
- 付箋に書いて、大きな声で読み上げて、貼る
- 「いいね！」「だったら、XX も！」「他にも XX！」
- とにかく、たくさん出す！　繰り返す！

四つのルール

批判厳禁	自由奔放
Defer Judgement	Free & Unrestrained

質より量	結合改善
Quantity Oriented	Combination & Improvement

が、「オズボーンの九チェックリスト」と呼ばれるもので、九つのキーワードに沿って強制的に内容を考えるというものです(図表2－5)。ここでは紹介しきれないものも、辞典に出ていますので、興味のある人は調べてみるとよいでしょう。

さまざまな技法がありますが、共通する方法は決まっています。

- 事前に議論の目的・ゴール、検討範囲を決めて、その範囲でアイデアを出す。
- アイデアを出すとき(発散)と、整理する/絞り込むとき(収束)は分けて行う。
- 最初は、思いついたものを挙げる。
- 何らかの制限・ルールを設けて、強制的に発想を行うと、いつもとは違うアイデアが出る。

phase 2-4
ブレインストーミング、親和図法、構造シフト発想法でアイデアを出す

ここでは、多くの人に取り組んでもらいたいアイデアの出し方についてお話します。

発想技法は数多くあり、現在でも増え続けています。発想技法によって「得意とするテーマ/不得意なテーマ」があり、どの発想技法を選ぶのかにもコツが必要です。一方で、どんなときも使いやすく、一定の成果が見込めるタイプの発想技

図表2-5 オズボーンの九チェックリスト

転用 Put to other uses
他の用途。今のままで新しい使い道はないか？ 少し変えて他の使い道はないか？

応用 Adapt
真似できないか？ これに似たものはないか？ 他に似たアイデアはないか？

変更 Modify
色、形、音、におい、動きなど変えられないか？ 形式を変えたらどうか？

拡大 Magnify
何か加えたらどうか？ もっと回数を多くしたらどうか？ 大きくできるか？

縮小 Eliminate
分割したらどうか？ やめたらどうか？ 小さくできるか？

代用 Substitute
他の材料にしたらどうか？ 他の人にしたらどうか？

再配列 Rearrange
他の順序にしたらどうか？ 原因と結果を入れ替えたらどうか？ 大きくできるか？

逆転 Reverse
役割を逆にしたらどうか？ 立場を変えたらどうか？ 上下、左右、前後を逆にしてみたらどうか？

結合 Combine
合体できるか？ 混ぜられるか？

phase 2 アイデア出しの定石を踏む

法もあるので、その組み合わせを紹介することにしましょう。

≫STEP1≪
ブレインストーミングで、とりあえずアイデアを出す

　まずは、ブレインストーミングです。一人でも複数人でも構いませんが、自由にアイデアを出していきます。アイデアを多く考えたいなら、4〜5人程度がいいでしょう。

　進め方は簡単です。最初に参加者でテーマと「批判厳禁」「自由奔放」「質より量」「結合改善」の四つのルールを確認して、そこから思いついたアイデアを付箋に一つずつ書いてホワイトボードなどに読み上げながら張り出していきます(図表2-4)。参加者全員でそれを見ながら、どんどん出していきます。

　ポイントはきちんとルールを守ることです。批判厳禁なので、「それは以前にやったから、むずかしいのではないか」「もうすでに他の会社でやっているから勝てないのではないか」といった評価を言ってはいけません。自由奔放なので、テーマの範囲であれば、どんなアイデアも大歓迎です。

　質より量なので、とにかくたくさん数があることを歓迎します。結合改善をよしとするので、出たアイデアを少しかえたりくっつけたりすることもどんどんやりましょう。世の中に足湯があれば、手湯があり、顔湯があり、鼻湯…… というようにズルズルとアイデアを引き出していきます。

ルールを守りながら、楽しく考えていけば、15分くらいでだいたい100個程度のアイデアは出てくると思います。「一旦、自分たちとして、出し切った」と思ったら終了です。

≫STEP2≪
親和図法でグループ分けをして、グループごとにさらにアイデアを出す

アイデアを出したら、次は、そのアイデアをグループに分類します。ここでは、親和図法という方法を使います（図表2-6）。親和図法は、「意味の近いものでグループに分けて、そのグループに名前をつけてください」というもので、「グルーピング」とほぼ同義です。

似たようなものでKJ法（川喜田二郎氏が提案した手法で世界的に有名）がありますが、こちらはルールが厳密なので、もう少し、制約の少ない方法です。

分類の仕方は自由ですので、あまり厳密さを求めないことが重要です。「意味の近いものをグループに分ける」と書きましたが、これは「いろいろな分け方をしてください」「どんな分け方をしても構いません」という意味です。

先ほどの「足湯」というアイデアにも、「足の疲れを取る」「人が集まる場所を作る」「旅行に来た気分になる」など、いろいろな意味があると思いますので、それぞれがどういう意味があるのかを考えながら、意味の近いものをグループに

■ 図表2-6　親和図法の例

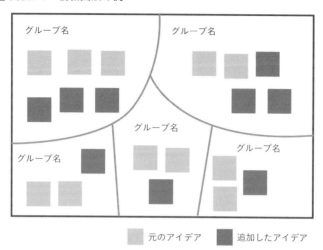

進め方

| 1 | チームで議論をしながら、意味の近さ（親和性）にもとづいて、アイデアをグルーピングする |

▼

| 2 | グループに特徴をあらわす名前（グループラベル）をつける |

▼

| 3 | 整理をしながら、アイデアを増やしたり、視点を変えて違うグルーピングを行う（繰り返す） |

▼

| 4 | 上記を行いながら、グループとして、アイデアの持つ「意味」の共通認識を持つ |

していきます。それ以外にも、対象とする顧客、製品の機能、提供する価値など、さまざまな分け方があるので、試しながらあなたがしっくりくる方法で、分類することが大事です。

　グループに分類したら、次に、それぞれのグループの中で、他にアイデアがないかを順に考えていきます。分類した状態(思考範囲がある程度、限定された状態)でアイデアを出そうとすると、また、他のアイデアが出てくるので、ぜひ、取り組んでみてください。私の経験則では、20分でグループに分けて、20分でさらにアイデアを出すと、だいたい50個程度のアイデアは出るようです。

≫STEP３≪
構造シフト発想法で意外なアイデアを出す

「さらに、少し意外なアイデアを考えたい」ということであれば、これから説明する構造シフト発想法に取り組むとよいでしょう。自分自身でまずは、構造を考えて、それをあえて、崩しながら考える(シフトすると表現します)ことでアイデアを増やすというものです(図表２-７)。
「これまでにないアイデア」を考えるために、まずは、これまでのアイデアを考えて整理します。その上で、整理したものにないものを考えていくことで、いつもとは違う発想が出てくるというのが、この発想法の考え方です。

　具体的には、親和図法で考えたグループがあなたの頭の中

■ 図表2-7　構造シフト発想法とその実施イメージ

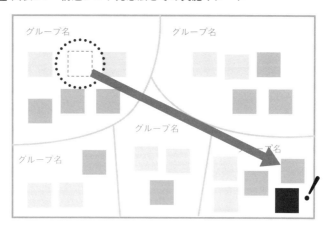

進め方　（アイデアを構造化する）

| 1 | あるアイデアを別のグループに移動する
（構造上の別の場所にシフトする） |

▼

| 2 | 上記の「意味や得られる示唆」を考えて、そこから新しいアイデアを発想する |

▼

| 3 | その場所に新たなアイデアを書く |

※「大胆に」シフトさせるのがコツ（深く考えない）

の構造だとすると、この構造をあえて崩します。そこから何かアイデアをひねり出していくのです。

　方法はシンプルで、付箋1枚をとって、別の場所に持っていきます。そこで、何か新しいアイデアがないか考えて……、「うーん」と唸って一つアイデアを出します。新しいアイデアが出たら、付箋に書いて模造紙やホワイトボードに貼っておきます。動かした付箋はもとに戻します。これを繰り返していきます。

　ポイントは、深く考えずに、とにかくなんでもよいので口にしてみることです。「強制的な発想法」なので、無茶振り以外の何ものでもありません。アイデアが出るときもあれば、出ないときもあります。ひとまず頑張って考えてみて、「思いつかなかったら終わり」くらいの気分で考えてみるとよいと思います。

　たとえば、「リラックスする」カテゴリーに入っている「足湯」というアイデアを「集中する」というカテゴリに持っていってみて、何か新しいアイデアが出ないかと考えてみる。たとえばですが、「足湯会議室」などのアイデアが出てくるかもしれません。このような感じで進めます。強制発想法はそれなりに疲れるので、あまり長い時間をかける必要はありません。だいたい20分くらいが目安です。

　これまでの経験則で言うと、だいたい50個くらいのアイデアは出るようです。新和図法、構造シフト発想法によりブレインストーミングで考えたときの倍程度、アイデアが出るの

が通常です。もちろん、テーマや時間、集まる人の「得手/不得手」によりますが、参考にしてください。

アイデアを出すのが苦手な人は、時間だけでなく、個数のノルマも設定してみましょう。時間と個数を決めると、どれくらいのリズムでアイデアを出さなくてはいけないのかが決まるので、アイデアが出しやすくなると思います。

とにかく書くことです。よい考えが出ないという人は、ダラダラと周りの人と話しているうちに時間が過ぎてしまっていることが多いからです。その時間はムダです。時間と個数を区切って、強制的に出すようにしてください。

慣れてくれば、アイデアはどんどん出てくるようになります。大変かもしれませんが、最初だけ頑張れれば、できるようになるので、ぜひ一度試してみてください。

phase 2-5
おもしろそうなアイデアを見抜き選ぶ

ここまでで、どれぐらいの数のアイデアが出ましたか？ アイデアが出たところで、このphaseの最後に、アイデアの選び方についてお話します。

実はアイデアの選び方は、「こう選べば正解」というものがありません。丁寧に、理解をしながら選んでいくようにすることです。あなたが「これだ！」と思えるものがあれば、それでよいのですが、多くの場合、あれもよく見える、これ

もよく見えるという状況だと思います。ここではいくつかの原則をお話します。

　第一に、「理解しながら少しずつ減らしていく」ことです。アイデア自体はこの時点では、「よい/悪い」はまだわかりません。これから具体的にしていく中で可能性や実現性が見えるものです（よいと思ったアイデアがすでに他にやっている人がいたという話はいくらでもありますし、実現可能だと思ったものが、実際にはできなかったりすることも十分にあります）。

　第二に、「定量データに頼りすぎない」ということです。売上や利益、市場の大きさ、顧客の人数など数字で表現できるものは、わかりやすく説明しやすいために、頼りたくなります。数字は解釈にズレが出なくて、大きい/小さいで表すことができるため、比較することが用意だからです。

　けれども、わかりやすい数字だけで議論をしてしまうと、「顧客がどれくらい欲しいと感じているのか」「顧客が価値に感じることは何か」「社会的な意義があるのか」「事業としておもしろい、ユニークなものなのか」「本当に自分がやりたい」などの数字では表しきれない定性的なものを見過ごしてしまいがちです。新しい事業では、これらの数字では表現しきれない定性的な情報も大切なので、「定量データ」だけに頼りすぎないように心がけてください。

　第三に、「個人が責任を持って選ぶ」ことです。なぜか、多くの会社では、多数決で物事を決めようとする傾向がありますが、よいと思う人が多いというのは一つの根拠に過ぎま

せん。経験則から言っても、誰もがいいと思うものが必ずよいとは限りません。それよりも個人が責任を持って、よいと判断したものを選びましょう。

「おもしろいアイデア」は、次のような傾向があるようです。これは経験則から得たものなので、実証されてはいませんが、参考にしてみてください(図表2-8)。

具体的には、以下の手順で進めます。手順を進める中で、微修正したり、新たにアイデアを出したりしながら、少しずつ選択していってください。

Step1. 絶対にやらないものは外して、やる可能性のあるものを残す(通常だと200〜300個が半分程度になるは

■ 図表2-8　おもしろいアイデア/イノベイティブなアイデアの特徴

極端なもの

違うタイプ
種類のもの

熱烈なファンが
「一人だけ」いるもの

議論の
盛り上がったもの

「大変/パッと見ダメ」
だけど、実現できたら
「すごい」もの

なんだかいけそうな
気がするもの
(勘とも言う)

ずです)。

Step 2. その中で四つの視点(「できるか?」「求められるか?」「やるべきか?」「やりたいか?」)から、ある程度、可能性のあるものをピックアップする(20〜30個程度が目安)。

Step 3. ピックアップしたもののメリット、デメリットを整理して、個人でよいと思うものをピックアップする(5〜10個程度まで絞る)。

アイデアのレベルでは、まだ、「よい/悪い」の判断がむずかしく、ほとんどのものが、可能性でしかありません。少しずつ理解を深めながら、やらないものは外しながら、あなたが「できそう」「求められそう」「やるべきだと思う」「やってみたい」ものを上手に選んでいってください。

ここは個人の考えに依存するところです。実際にコンサルティング会社でも最終的には個人の判断に大きく依存しています。必ずしも理屈だけではないので、直感も駆使して、どれがよいアイデアなのか、考えてみることが大事です。

一旦、アイデアは選びますが、これから検討を進めていくときに、ダメだなと思ったら残ったアイデアを次に検討することになります。また、他の機会にも使うことがあるかもしれないので、ボツになったアイデアもどこかにとっておきましょう。

「アイデアの目利きができない/できる人がいない」と言われますが、実際のところ本当の意味で、アイデアの目利きが

できる人はいないと思います。自分としてはどれがよいと思うのか、責任を持って考えてみる必要があります。

phase 3

ふわっとしたアイデアを「事業コンセプト」にする

phase 2では、あなたが「やりたいこと」「できること/できそうなこと」「求められること」「やるべきこと」からアイデアを幅広く考えましたが、「やってもいいな」と思えるビジネスは見つかりましたか？

 繰り返しになりますが、「昔からカフェをやってみたかった」「友人からそれだったらお金が取れるよ、と言われていた」など、どんなものでも構いません。「これだったらやってみてもいいかな」と、思えるものを見つけてください。この時点では、まだ「単なるアイデア（ジャストアイデア）」でしかありません。これからあなたが実行していくためには、細かいところまで決めていく必要があります。

 このphase 3では、アイデアを具体的にしていくことにしましょう。

 アイデアをもう少し具体的にしたもののことを「コンセプト」と呼びます。コンセプトとは、計画の前段階で、「誰に」「何を」「どうやって」提供しようとしているのか、それがどんなビジネスになるのか、成立するのかどうかを判断するのに必要な情報が揃った状態のことです。
「カフェをやってみたいな」というのをもう少し具体的にして、「世田谷の住宅街の中で、主婦が子育ての合間に少しリラックスできるようなカフェがいいなぁ」というようにしていきます。

 単なる「カフェ」というだけでは、どんなお店なのか、ぼんやりとしていてまだよくわからないからです。

それを前述の「世田谷の住宅街の中で主婦が子育ての合間に利用する」というように、どんなお客さまが対象なのか、本当にその商品やサービスを欲しい人がいるのか、事業にした場合に採算があうのかなどを具体化することで、ふわっとしていた単なるアイデアだったものが内容(中心となる軸)のある、事業性が見込めるコンセプトになっていきます。

そこでここからは、事業コンセプトを作るために私が簡単な10の質問をしていきます。あなたがその質問に答えていくことで、事業コンセプトが完成する構成にしました。

あなたがスムーズにポイントを書き出しやすいように、私なりに質問する内容や順番についても工夫していますので、ぜひ、順番に答えてみてください。

どれもシンプルな質問ですが、自分の考えを整理しなければいけないので、いざ、やってみると、むずかしさを感じるかもしれません。そこで、本題に入る前に、問いに答えるときに、どんな姿勢(スタンス)で臨めばよいのか、まずは、三つの注意事項からスタートしましょう。

1. いきなり完璧を目指さなくていい。ひとまず書く

アイデアはもともと「ふわっ」としているので、あやふやな部分、具体的にできない部分、わからない部分があると思います。当然のことなので、気にすることはありません。書けるところはできるだけ書き込み、書きにくいところは、が

んばれる範囲で書くという姿勢で十分です。最初から完成したものを作る必要はありません。

一方、現時点では決めないであやふやにしたままにしておくと、いつまでたってもビジネスで中心となる軸が見えない、アイデアがどんどん変わり過ぎて、やるべきことがわからなくなるケースもあります。

仮置きだとしても、ある程度、最初の段階で具体化しておくべきところもあるのです。実際のところ、自分がわからないところや興味の薄いところに関しては、決めてしまうことは気が進まないものです。「カフェはやりたいんだけど、う～ん、顧客は誰でもいいなぁ」というのも、本音だからです。

そうだとしても、「こんなお客さんが来て欲しいなぁ」というところだけは、ある程度までがんばって具体的にしましょう。ビジネスをするなら、「こんなお客さんが来るお店」ということに関しては、どこかの時点で決断し、具体的に検討しなければいけません。

ぜひ、「仕事帰りのビジネスパーソン」「コーヒー好きの高齢者」「子育て中のママ」というレベルまでには、後回しにせず、このタイミングで決めて、進めてください。

2. 辻褄があわなくなったら、前に戻って修正する

質問に答えていく中で、あなたのアイデアのイメージは徐々に具体的になってくると思います。

phase 3 ふわっとしたアイデアを「事業コンセプト」にする

　カフェをやるとして、「カフェなら駅の近くに作りたいな」という具合です。そのときに、「そもそも子育て中のママって、駅の近くでコーヒーを飲みたいと思っているのかな？」という疑問が浮かんでくることがあります。もし、そう感じたとしたら面倒でも、その都度アイデアを出したところまで戻って、自分が当初、考えていたことを整理し直してみることが大事です。矛盾や違和感を感じたら、そこで修正します。

　質問の一つひとつに答えながら、前の質問も同時に修正し、最終的に全体の整合がとれたものを作るように考えてみることで、結果的には、あなたに合った事業コンセプトができあがります。

3. 楽しく、楽観的、どんなときでもポジティブに！

　アイデアを具体的にしていくと、このタイミングで「この商品を欲しい人がいないのではないか」「いたとしても、ごく限られた人なのではないか」「すでに、やっている人がいる」など、アイデアの「ダメな理由」がたくさん頭に浮かんできます。内容が具体的になってくるにつれ、ダメな理由も明確になり、「私ってダメかも」とひどく落ち込みます。

　でも、落ち込む必要はありません。ビジネスとして完成していないものに対して、悲観的になる理由は何もありません。この段階では、成功するコンセプトに変える余地はまだまだ

ある、と考えればよいのです。

　自分の考えに「エッジが効いてない」と悔やむ人もいますが、これも間違いです。事業コンセプトは、「これまでにない」「世界を変える」「画期的な」ものがそうそうあるわけではありません。Facebookも最初は、いくつもある大学内のSNS(世の中には他にも、すでにあったもの)でしたし、Googleも検索エンジンの一つだったという話は有名です。iPhoneも最初のスマートフォンではありません。新しいことをはじめるときにはすべてが新しくなければならない、圧倒的に何か優れていなければならないというのは幻想です。

　phase 3の問いのすべてに答え終わったときに、「これをまとめたものを事業コンセプトというんだね」と思えればいいという気楽さも持って、進めていきましょう。

　では、いよいよ本題である「単なるアイデア」を「事業コンセプト」にしていくための質問をしていきます(図表3-1)。

■STEP 0 ［事業概要］
「誰に」「何を」「どうやって」の概要を決める

　自分のアイデアがどんなものかを知りましょう。

　ここでは、あなたのアイデアを理解してもらい、興味を持ってもらう/おもしろいと感じてもらうことがゴールです。そこでお尋ねします。

phase 3 ふわっとしたアイデアを「事業コンセプト」にする

■ 図表3-1　事業コンセプト化の全体像

STEP 0　企画概要

▼

STEP 1　顧客の現状・課題分析

▼

STEP 2　使用シーン、実現イメージ

▼

STEP 3　顧客への提供価値

▼

STEP 4　商品・サービス設計

▼

STEP 5　ビジネスモデル

▼

STEP 6　競合状況

▼

STEP 7　市場と市場規模

▼

STEP 8　マネタイズモデル、キャッシュフローモデル

▼

STEP 9　取り組む意味、大義、ビジョン

Question
あなたは、どんなビジネスをやろうとしていますか?

「何かおもしろいこと」「人のためになること」「昔、やりたかったこと」では、残念ながら何をやるのかがわかりません。塾、ECサイト、ホテル、コンサルティング会社では、ビジネスのイメージはつきますが、もう少し具体的に何をするのかを相手に伝えたいところです。

とはいえ、細かいところまで話すと、「いやいや、そんなに興味があるわけではないので、概要だけでいいよ」と言われそうです。周りの人に説明するときに、ちょうどよい長さ(必要かつ十分な情報)というのがあるのです。

では、ちょうどいい情報とは、どのようなことを言えばよいのでしょうか。

「誰に」「何を」「どうやって」の三つが入っていることが目安の一つになってきます。

誰に	このビジネスの顧客は誰なのか?
何を	その顧客に対して、どのような製品・サービスを提供するのか?
どうやって	どのような方法で実現していくのか?

その内容を一息で読める文章の長さで書くのがコツです。文章としては短いよりは長い方がベターで、150文字程度、10〜30秒程度で話せる分量を一つの目安にしてください。

ここで、悪い例とよい例を見てみましょう。

> ✘ 悪い例
> 介護向けWebサービス(10文字)

この10文字だけだと具体的な内容がなかなか伝わりません。もう少し説明したいところです。

> ◯ よい例
> 「自身の人生や自分の家族の人生」と同時に、親の介護に向き合う世代(30代後半〜50代)を対象として(誰に)、検討するポイントを十分整理した上で、親の入居先を広く、簡便に、公平な視点から網羅的に探すことができるサービス(何を)を、Webおよびスマホアプリで提供する(どうやって)/124文字

「誰に」「何を」「どうやって」提供しようとしているのかをまとめることで、他の人にビジネスの概要が伝わります。

まとめ

《 ここでの目的・ゴール 》

☐ 聞いている人に必要かつ十分な情報を提供する(正確に理解してもらう)。

☐ その上で、興味を持ってもらう/おもしろいと感じてもらう。

《 ここでやること 》

「誰に」「何を」「どうやって」を意識して一息で読める文章にまとめる。

《 チェックポイント 》

☐ 「誰に」「何を」「どうやって」が揃っているか。

☐ 100〜150文字程度に、まとまっているか。

☐ 自分が書いた内容を声を出して読んでみて、違和感はないか(自然な日本語か、複数の意味に取れたりしないか、矛盾を感じないか)。

練習ワーク

Q1.

世の中にある特徴的な商品・サービスを「誰に」「何を」「ど

うやって」提供しているのかわかるように、100〜150文字でまとめてみよう。

Q2.
自分が取り組もうと思っているビジネスのアイデアをQ1と同様に書いてみよう。

■STEP 1 ［顧客の現状・課題分析］
誰のどんな困りごとを解決するのか

　概要が決まったら、はじめに顧客をイメージしていきます。新しいことをはじめるときには「お金を払う人＝顧客」が、あなたのそばにいることが大切です。

> **Question**
> 　あなたはどんな人(顧客)のどんな困りごと(課題)を解決しようとしていますか？

　誰もが何気なく使っている言葉ですが、顧客とは誰のことでしょうか？
　基本的には、今、考えている製品やサービスに「直接、お金を払ってくれる」人のことを指します。
　なぜ、こんな当たり前に思えることを聞くかと言うと、ビジネスでは「お金を払う人」と「製品を使う人」が違うこと

がよくあるためです。代表的なのが、ペットフードや紙おむつです。購入するのは飼い主や両親ですが、使うのはペットや赤ちゃんです。このような場合は、直接、お金を払う人のことを一旦、顧客と呼ぶことにしてください。

　この考え方は、DMU(Decisions Making Unit)という考え方を使うと、うまく整理できます(図表3－2)。DMUは個人や企業などで関係者が複数いる場合に、購買に関係する人を整理するためのフレームです。ここで、企業や個人の場合でのDMUの例を示します。

　一般的に、ビジネスは個人を対象としたビジネスをBtoCビジネス(Business to Customer)、企業を対象としたビジネスをBtoB ビジネス(Business to Business)と呼んで分類します。あなたの事業にお金を払うのが、個人なのか企業なのかをまず決めて、図表3－2を見ながら、それぞれの立場にいる人がどんな人なのか考えてみてください。

　個人を対象としたビジネスであれば、年齢、性別、職業、趣味、思考、家族構成など、できるだけ明確なイメージが浮かぶような書き方をします。会社を対象としたビジネスであれば、業種、規模だけではなく、会社名なども挙げておくようにします。

　ここで押さえておきたいのは、「たとえば、こんな人/会社」をイメージできるようにしておくことです。

　ここでの目的は、顧客をあなたができる限り具体的にイメージできることです。図表3－3のように「こういう人がい

■ 図表3-2　顧客とDMU(Decisions Making Unit)

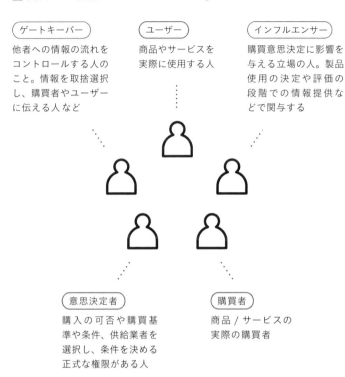

る」と思えるくらい具体的に書いてみてください。

　顧客をイメージできたら、次に、その困りごとを明確にしていきます。顧客の困りごととは何でしょうか?

　一般的に困りごとは、六つの「不」(不満、不足、不便、不利、不快、不安)で表されると言われています。満足していない、足りていない、便利でない、損をしている、気持ちが悪い、安心できないような事柄や状況こそが、顧客の困りごと

■ 図表3-3　顧客像の具体化例

鈴木 大輔 （36歳・男性）

家族構成

妻、子ども2人（6歳 男子、4歳 女子）

職業

会社員（大手化学メーカー、研究所勤務）

世帯年収

700万円

趣味

- ゴルフ　（学生時代からやっている）
- 映画鑑賞（昔は妻と一緒に観に行っていたが最近は、あまり出かけない）

興味のあること

子どもといっしょにやっている野球チームの監督になった。近所の子どもたちに野球を教えている（休日は忙しい）

心配や困りごと

自分のキャリア（仕事）がこのままでよいのか疑問に感じることがある。
同時に、子どもが大きくなることを考えると、将来の収入が不安

(ニーズ)につながります。

しかし、顧客自身が「不」を明確に感じていないけれども、新しい製品やサービスを使ったら「よく考えたら、自分も不便に感じていたなぁ」と、はじめて自覚することもあります。これを顕在化されていないニーズ、アンメットニーズという表現をします。ここも検討しておく必要があります。

顕在化されていないニーズを満たした例としてはウォシュレット、スマホ、食洗機、掃除機ロボットなどがわかりやすいでしょう。もともとはなくても不便は感じていなかったものの、いざ、自分が使ってみると便利で手放せなくなるような製品です。まさにこのように顧客には、「見えていない」「隠れた」不を探すように意識してみることも必要です。

> ✘ 悪い例
> どんな人? ビジネスパーソン。
> どんな困りごと? 仕事がスムーズに進まないという困りごとを解決する。

ビジネスパーソンという設定だけでは、残念ながらどんな人たちの困りごとを解決するのか、イメージがわいてきません。仕事がスムーズに「進まない」という点に関しても同様で、人によってかかわる仕事が違うため、仕事の何が進まないのか漠然としていて、どこが不なのかをイメージできません。

◯ よい例

どんな人？　入社1〜3年の若手社員(ホワイトカラー)。

どんな困りごと？　タスクの管理や優先順位をつけるなど「何をやるのか」考えることにあまりにも時間がかかりすぎていて、本来の業務に集中して取り組むことができていない、という困りごと。

顧客の困りごとについては、「あぁ、そういうことで悩んでいる人がいるんだ」と思えるように書くことが必要です。また、困りごとが、どれぐらい切実であるかどうか(お金を払って解決したいかどうか)によっても、ビジネスが成立するかを見極めることができます。

まとめ

《 ここでの目的・ゴール 》

☐　想定している顧客を明確にする(誰を対象とするのか)。

☐　その顧客が抱えている課題や不満を明確にする。

《 ここでやること 》

☐　想定する顧客像をできるだけくわしく記述する。

(顧客が個人なのか/企業なのかをはっきりさせる。「顧客≒お金を払う」意思決定をする人。その人がイメージできるように記述する)。

- [ ] 六つの不を意識して、どんなときに、どんな困ったことがあるのかを記述する。

《 チェックポイント 》

- [ ] 顧客が具体的になっているか(人物の顔や表情が想起できるか)。
- [ ] その顧客が抱えている「困りごと」は、新たにお金を払ってまで本当に解決したいことなのか？
- [ ] 今回の提案で本当にその困りごとが解決できるのか？

練習ワーク

Q1.

世の中に存在しているサービスを挙げて、「誰」の「どんな困りごと」を解決しようとしているのかを書いてみよう。

Q2.

自分が取り組もうと思っているビジネスのアイデアをQ1と同様に書いてみよう。

■STEP 2 ［使用シーン、実現イメージ］
どんな場面で、どのように使われるのか

次は、課題を抱えている顧客が実際にどんなシーンで使用しているのかを書き出します。ドラマのワンシーンのように、5W2Hが目に浮かぶようにイメージしてみてください(図表3－4)。

> **Question**
> その顧客は、どんなときにあなたの製品・サービスを使いますか？

ここは顧客があなたの商品やサービスを使っているシーンなので、まずは絵で表現してみましょう。そのほうが顧客の状況やビジネスに対するあなたの思いなどをありありとイメージできます。下記の質問に答えながら、とにかく描いてみましょう。それだけでは伝わらないところは、文字で補足します。

- ☐ 具体的にはいつ？(季節、時間など)
- ☐ 顧客はどんな場所にいるのか？ どんな目的でそこにいるのか？
- ☐ 顧客の周囲には他にどんな人がいるのか？ その人との関係は？

■ 図表3-4　5W2H

☐ 顧客本人はその状況で何を考えているのか？　どんなことに困っているのか？

✘ 悪い例
(子育て中の)空いた時間

　これでは、家の中/外、朝/夜、一人/他に人がいるのか、わかりません。もう少し具体的にいつ、どこで、どんな状況なのかを記載するとよりわかりやすくなります。

column

「普通の○○」なんていない!?

　今から20年ほど前では、20代女性向けという商品やサービスは確かに存在していて、顧客の分類が大ぐくりでも、十分に売上を上げることができました。しかし、さまざまな情報が社会に提供され、価値観や嗜好が多様化、尊重されるようになって、「年齢×性別」で分類しては大雑把すぎるというのが常識になってきました。

「高齢者に向けたビジネス」でも同様です。

　高齢者と言っても90代なのか？　80代なのか？　70代なのか？　趣味・嗜好、価値観、健康状態、経済的な状況、家族構成はどうなのかなど、人によってまったく状況が異なります。最近は「アクティブシニア」と呼ばれている人たちも登場しています。彼らは本当に元気ですし（平日、旅行に出かけると、こういう人に会います）、退職金でハーレーを購入して、それに乗って温泉に、元気に遊びに出かけているという話も聞きます。

　マーケティングを学ぶと、どうしても目の前のことを「セグメント(分類)」しようとするクセが出てしまいます。同じような性質の人がいて、その人たちに便宜上、ラベルをつけて、「セグメント」と読んでいるだけなのですが、「セグメントありき」でマーケティングをすると、同世代にもいろいろな人たちがいる事実が見えなくなるという罠にはまります。同様に「若者」「働く女性」「小学生のいる家庭」という表現を使って顧客を分類しがちですが、実際には典型的な人というのは、ほとんどいません。

　あなたが新しいビジネスについて周りの人に説明するときに、「あぁ、私の知り合いで言うと○○さんが喜ぶ商品(サービス)を提供するのね」と、聞き手から相づちを打たれるぐらい、顧客の顔が見えるような言葉を選ぶようにすることをオススメします。

> **○ よい例**
> 朝、子どもを幼稚園に送った後で、幼稚園の近所で、仲のよいお母さんとゆったりと会話ができる時間

「顧客」が「困りごと」を抱えているシーンをリアルに持つことができれば、ここでの目標は達成です。逆に、「こんな人いるのかな？」「たいして困っていないのではないか？」「こんなシチュエーションはないんじゃないか？」「確かにあるかもしれないけど、自分が解決できることではない」というのであれば、再検討しなくてはいけません。もし、困りごとの「切実さ」がお金を払ってでも解決したいことであれば、ビジネスとして成立する可能性が高くなります。

まとめ

《 ここでの目的・ゴール 》

- [ ] 顧客が困りごとに遭遇シーンを具体的にイメージする。その状況で困りごとを解決できるイメージを持つ。

《 ここでやること 》

- [ ] 実際に絵(と文字)を書いてみて、顧客が困りごとに遭遇するシーンを想像する。
- [ ] 想像したシーンが現実的かつ困りごとが切実であるこ

とに共感できるかを確認する。

《 チェックポイント 》

- [ ] 顧客が、その状況に遭遇することが実際にありそうか？
- [ ] 本当に困っているのか？/困りごとは切実か？/解決したいと考えているのか？
- [ ] 実際に、解決できそうか？

練習ワーク

Q1.
すでに世の中に存在しているサービスを挙げながら、「誰が」「どんなときに」「困っていることを解決しようとしているのか」を書いてみよう。

Q2.
自分が取り組もうと思っているビジネスのアイデアをQ1と同様に書いてみよう。

■STEP 3 ［顧客への提供価値］
その顧客に、どんなうれしいことがあるのか

　このSTEPまでは顧客に関する質問です。意外にも見過ごされがちなのが「顧客にとって、どんなうれしいことがあるのか」でしょう。顧客は結局、「本当にうれしいと感じる」ことだけにしかお金を払わないので、この点が一番重要です。

　ビジネスを立ち上げるときには、「私の製品やサービスを使うと、どんなうれしいことがあるのか」ということが、あらゆる検討の中心です。ここがあやふやだと、のちのちの作業が大変です。ですから、きちんと時間をとって考えておきましょう。

Question
それで結局、顧客にはどんなうれしいことがあるのか？

「顧客が感じる」価値(うれしいと思うこと)をできるだけ、わかりやすく、端的に表現してみてください。人はどんなことに価値を感じるのでしょうか。

　最初に、あなたが思う顧客が感じる価値をそのまま書き出してみてください。「うれしい」「楽しい」「おいしい」「これまでの作業が早くなる」「これまでよりも効果が倍増する」などのポジティブな要素が増えることも、逆に、「手間が省ける」「面倒でなくていい」「リスクがなくなる」などネガテ

ィブな要素が減る、ということもあるでしょう。

最近では、機能的価値(その製品・サービスを使用することで得られる実利的な価値)だけではなくて、感性価値/情緒的価値(機能では説明できないけれども、よいと感じる価値。心理的価値とも言う。デザインやブランドなど)も含めて検討することが大事になってきています(図表3−5)。

◻ 図表3-5　心理的価値と機能的価値

$$\text{商品・サービスの価値} = \text{機能価値} + \text{感性価値}$$

顧客の心理を知りたいときに参考になるものの一つとして、図表3−6の「マズローの欲求5段階説」があります。「人

◻ 図表3-6　マズローの欲求5段階説

間はこういうことを満たしたいと考えている」という心理をまとめたものです。

これは、低次(図表3－6の下)の欲求を満たすと徐々により高次な欲求(図表3－6の上)を満たしたくなるというものです。人がうれしいと感じることを考えるときの参考になると思います。

最近では、「人は何に幸福を感じるか(逆に、どのような条件を満たす人は、幸福を感じているのか)」という研究も進んでいます。図表3－7に示すような幸福の4因子と呼ばれるものもありますので、人が何に価値を感じるのかを考える参考にしてください。

◻ 図表3-7　幸せの四つの因子

「ありがとう！」因子
つながりと感謝

「やってみよう！」因子
自己表現と成長

幸せを構成する
4つの因子

「あなたらしく！」因子
独立とマイペース

「なんとかなる！」因子
前向きと楽観

価値を書くときには単なる事実(時間短縮や効率化)を記載するだけでなく、顧客が実際に口に出しそうな表現で書くと、よりうれしい内容がわかりやすく書けるでしょう。

> ✕ 悪い例
> 掃除の自動化。

　これだけでもわかりますが、それについて顧客にどんなよいことがあるのかわかりません。

> ○ よい例
> これまで掃除していた時間の削減と「やらなければいけない/そのために準備しなくてはいけない」という精神的な負担からの解放、自分がやらなくても掃除ができているという安心感。

　それを聞いた人から、「なるほど、お客さんにとってはうれしいよね」と言ってもらえるようになれば、ここでの目標は達成したことになります。価値は「人が感じる=人が決める」ことなので、さらに複数人に聞いてみて、「それを本当にうれしいと感じる人がいる/多いのか」を確認してみてください。

　悪い例で記載した「掃除の自動化」自体は、顧客がこれ自体に価値を感じているとも言えますが、必ずしもそれだけで

はありません。「掃除の自動化」を顧客の立場で「こういうメリットがある」というふうに書き直してみると、いくつも価値の表し方が出てきます。

こちらを参考にしながら、あなたのビジネスを提供された人も、「うれしいと思える」ように記載してみてください。

まとめ

《 ここでの目的・ゴール 》

- [ ] 顧客がアイデアを採用することで「何がうれしいのか」を明確にする。
- [ ] それが「お金を払う理由」になっていることを確認する。
- [ ] 自身が提供する製品・サービスの(他社とは異なる)本質的な意味(価値)を明確にする。

《 ここでやること 》

- [ ] ひとまず、「顧客がうれしいと感じるだろう」と思えることを書き出してみる。
- [ ] 日本語の修正をする。いくつかのフレームワークを参考に「価値」を正確に表現する。
- [ ] 周囲の人に聞いて、「多くの人がうれしいと思う」内容になっているかを確認する。

《 チェックポイント 》
- [ ] 「顧客」にとって本当にうれしいことなのか?
- [ ] 顧客がそのアイデアを採用する一番の理由になっているのか? わかりやすく、短く表現できているか?

練習ワーク

Q1.
すでに世の中に存在しているサービスを挙げて、それが提供している価値を書いてみましょう。

Q2.
自分が取り組もうと思っているビジネスのアイデアをQ1と同様に書いてみましょう。

■STEP 4 [商品・サービス設計]
どのような商品・サービスなのか?

　ここでは、あなたが提供しようとしている商品やサービスについて説明できるようになるのが目的です。
「モノ=製品」であるときは、それがどんな大きさでどんな形、どんな仕組みで何ができるのかを説明してください。サービスを提供する場合は、誰が、いつ、どんな場所でどのようにサービスをするのかを説明してください。

phase 3 ふわっとしたアイデアを「事業コンセプト」にする

> **Question**
> 具体的に、どんな製品・サービスを提供しようとしているのか？

　とにかく説明しようとしている相手に、明確なイメージを見せることがポイントです。

　具体的には、それがどれくらいの大きさでどんな形をしていて、どんな仕組みで動くのか、どんな機能を持っているものなのかを絵にするくらいのつもりで準備しましょう。

　Webサービスやアプリなどの場合でも、同様にどんな画面のイメージでいるのかを書くようにします。それ以外のサービスでも、いつ、どこで、誰が、誰に(顧客はすでに書かれていますが)、何をするのかをこれもできれば、絵で描くとよいでしょう。

　たとえば、「自転車につける小さなカメラ」というアイデアの場合、ライター程度の小さいものを思い浮かべる人がいれば、小さなデジタルビデオカメラ程度のものを想像する人もいます。

「大人がリラックスして英語を学ぶ学校」という表現でも、ホームパーティーのような中で会話をしながら勉強するシーンを浮かべる人もいれば、カフェでマンツーマンで話をするのを想定する人もいます。スーツを着て教室でディスカッションするイメージをする人もいます。このようなバラツキが出ないようにすることが大切です。

「その商品・サービスでその顧客に本当にその価値を提供できるか」これまで書いてきた内容と矛盾/乖離がないか確認しましょう。

たとえば、「富裕層」向けの高級な至れり尽くせりのサービスを「地元の高校生」のアルバイトがサービスを提供していてはおかしいはずです。手軽に空撮ができるドローンの大きさが、50センチであれば、やや大きい感じがします。このように前に書いたものと整合性をとりながら、アイデアがきちんと価値を提供できるように記述することが必要です。

> ✘ 悪い例
> (学習塾で)STEM教育(Science:科学、Technology:技術、Engineering:工学 and Mathematics:数学の頭文字をとった言葉で、これらの教育分野を総称した言葉です)を行う

これだと結局、何を提供するのかがはっきりしません。もう少し、具体的に何を使って、誰がどのように教えるのかがわかるとサービスの内容がよりはっきりとわかるでしょう。

> ⭕ よい例
> 理工学部の大学生が、教室でブロックを用いたロボット学習教材を使って、数学、物理を教える学習塾

可能な限り具体的に記載することで、その製品・サービスが実際にどのようなものかが見えてきます。実際のモノや人

の動きがはっきりとしないと、顧客も顧客が喜ぶ姿もイマイチイメージしにくいと思いますので、ここでできるだけはっきりと見せられるようにしましょう。

まとめ

《 ここでの目的・ゴール 》

- [ ] その商品・サービス自体が何かをイメージする(コンセプトだけではない、絵空事ではないことを納得してもらう)。
- [ ] それがきちんと問題なく実現されるイメージを持つ。

《 ここでやること 》

- [ ] 商品の場合──モノの形状(大きさ、形、色)、その仕組み/原理を絵で書いて説明する。
- [ ] サービスの場合──いつ、どこで、誰が、誰に、何を使ってサービスを提供するのかを絵を書いて説明する(Webサービスの場合は画面のイメージ)。

《 チェックポイント 》

- [ ] 商品・サービスが具体的に理解できるか? 矛盾点や疑問が残らないか?
- [ ] その商品・サービスが、顧客に価値を提供できているか(顧客は本当にその価値を感じるのか)?

練習ワーク

Q1.
すでに世の中に存在している商品・サービスを絵に書いて周囲の人にわかりやすく説明しよう。

Q2.
自分が取り組もうと思っているビジネスのアイデアをQ1と同様に書いてみよう。

■STEP 5 [ビジネスモデル]
どうやって提供するのか？

　ここではあなたがビジネスをするときに、どのような関係者がいて、その人たちが実際に何をして、その結果、お金やモノ、価値がどのように動くのかを明確にします。全体像をビジネスモデルと呼び、全体がきちんとムリなく機能するかを確認します。ここでのゴールは、①きちんと商品・サービスが提供できる仕組みが作れるのか、②無理なく価値、お金が動く仕組みが作れるのかをはっきりさせることです。

phase 3 ふわっとしたアイデアを「事業コンセプト」にする

Question
どのような仕組みでビジネスを提供して、どのように売ろうとしているのか？

ビジネスモデルの示し方はいくつもありますが、ここでは一番、わかりやすいCVCA(Customer Value Chain Analysis)を使いましょう(図表3－8)。これは、自分(あるいは自社)を中心にして、周囲に関係者を配置して、モノ、お金の流れを矢印で表記して、ビジネス全体の流れを図に示すというものです。

ビジネスの関係者が増えたり、さまざまな関係者から広告料としてお金を受け取ったり、何らかの権利を使うなど、複雑な方法を使うと、お金やモノの流れがわかりにくくなります。一度、書いてみたあとにそのビジネスに「無理がないか」確認するようにしてください。関係する人がそれぞれやるべきことをやれるようになっているか(役割)、それぞれが相応しい対価をもらっているか(お金)、全体として、商品やサービスがキチンと提供できる仕組みになっているのかをチェックします。

ビジネスモデルはある程度、パターンがあります。すでに図表3－8に記載した基本的なビジネスモデルは覚えておきながら、自分がどのビジネスモデルに近いのか考えてみると真似するべきものが見えてくるでしょう。

基本的なビジネスモデルは、『ビジネスモデルを見える化

■ 図表3-8 CVCAの書き方&事例

CVCAの進め方

1	関係者を洗い出す
2	1.を配置しながら… お金の流れ・モノの流れ・情報の流れを記述する
3	上記の作業を通じて、最終的に1枚の図にする

メーカーモデル

商社モデル

広告モデル

マッチングモデル

する ピクト図解』(ダイヤモンド社、2010年)という書籍にまとまっているので、こちらを参考にしてください。直近では、インターネットビジネスやIoT(モノのインターネット)関連のビジネスを中心にこれまでのお金やモノの流れとは異なるビジネスも多くでてきています。これらのビジネスは『ビジネスモデル・ナビゲーター』(翔泳社、2016年)、『ビジネスモデル2.0図鑑』(KADOKAWA、2018年)などに多くの事例が掲載されていますので、参考にするとよいでしょう。

　ビジネスで、もっとも重要なのは、「顧客」がいて、その顧客に「価値」がきちんと提供されることです。ビジネスモデルはそれを実現するための方法なので、必ずしもこれまでにないことにこだわる必要はありません。他のビジネスで参考になるものがあれば同様のビジネスモデルを採用してかまいません。セミナーに参加したり、本を読んだり、ビジネス

を起こした人の話を聞くなどして学習しながら、あなたのビジネスに近いものを探してみてください。

まとめ

《 ここでの目的・ゴール 》

- [ ] 自分と関係者、モノとお金の流れ、それぞれの役割をはっきりさせる。
- [ ] ビジネスとしてモノとお金が無理なく動くかを確認する。
- [ ] 関係者が明るい気持ちで取り組めるかを確認する。

《 ここでやること 》

- [ ] CVCAを作成する(①自分と関係者やそれぞれの関係を洗い出す。取り組むことを明確にする、②モノやお金の流れを図示する)。
- [ ] 「矛盾がないか」「無理がないか」をチェックする(個別の関係者ごとに、それに取り組むインセンティブがあるのかを見る)。
- [ ] このビジネスが関係者を幸せにできるのかを確認する。

《 チェックポイント 》

- [ ] 全体として顧客に価値/商品・サービスが提供されて

いるか。
- [ ] 全体としてお金がまわる仕組みか。
- [ ] 関係者を個別にチェックして、それぞれの視点からこのビジネスにかかわることが十分に合理的か。

練習ワーク

Q1.
百貨店とスーパーのビジネスをCVCAで書いて、その違いを説明しよう。

Q2.
その他、直近で「なんで儲かっているんだろうか」と感じているビジネスをピックアップしてCVCAで書いてみよう。

Q3.
自分が取り組もうと思っているビジネスのアイデアをCVCAで書いてみよう。

■STEP 6 [競合状況]
あなたの商品やサービスは何と比較されるのか？

　ここではあなたのアイデアが何と比較されるのか、競合商品・サービスは何か、それらとの差は何かを明確にしていき

ます。重要なことは、顧客が商品やサービスを選ぶときに、何と比較しているのかを考えることです。

Question
あなたの商品やサービスは、何と比較されるのか？

　商品やサービスに似たものがあれば、それが直接の競合になります。製品であれば、同じ缶コーヒー同士を比較する、サービスであれば、学習塾同士を比較するなど同じ業態内で比較されるものが競合となります。一方、競合には、間接的な競合もあります。

　先ほどの缶コーヒーであれば、顧客が喫茶店やコンビニのドリップコーヒーと比較するのであれば、これらも競合となりますし、学習塾の場合には、親子が通信添削や参考書と比較しているのであれば、これらは競合となります。ですから直接的な競合が思いあたらないときには、間接的な競合が何かを考えて見ることも大事です。

　競合は幅広く考えて、あらゆるものを洗い出すようにします。このときのポイントは、顧客が何と比較しているのかです。また、競合が思い当たらない場合には、現状はどんな手段で不満を持ちながらも解決/実現しているのかという観点で検討してみましょう。顧客は既存のどんなサービスと置き換えるのか、あなたの製品、サービスは何と比較されて選ばれるのかを考えます。

たとえば、AIを使った医療診断サービスというのは現時点では直接、競合するサービスはありませんが、その問題をどのように解決しているかを考えると、競合は医者だったり、医療系のニュースサイト、友人や家族のアドバイスなどの間接的な競合も考えられます。このように直接的、間接的に競合するものも検討に入れます。

> ✘ 悪い例
> 競合：Youtube、Wikipedia。
> 競合優位ポイント：声、音に特化しているところ。

これだけでは違いはわかっても、それがどのように顧客にとって意味があるのかわかりません。

> ○ よい例
> 競合：Youtubeに代表されるような動画共有・検索サイトおよび世界最大の百科事典Wikipedia。
> 競合優位ポイント：最先端の音声認識、解析技術を導入した分類・検索を実現することで微妙な音の違いや場所の違い、ニュアンスの違いを識別した検索が可能になる。

競合優位ポイントは可能であれば、ポジションニングマップと呼ばれる2軸のマトリックスでまとめてみましょう。図

表3-9で表されるように2軸で整理することができると、その違いがはっきりとわかるようになります。軸のとり方は自由ですが、いくつかの原則があります。一つめは、きちんと分類できることです。4象限に分けたときに、その四つが別々のもので、中に入るものがあることが大事です。二つめは、意味のある軸にすることです。他の製品と違って、「ここが違う」と明確に説明できるような軸を選びます。軸のとり方は、唯一の正解があるものではないので、試行錯誤しながらでも説明できるものを作っていきましょう。

◻ 図表3-9 ポジショニングマップの例

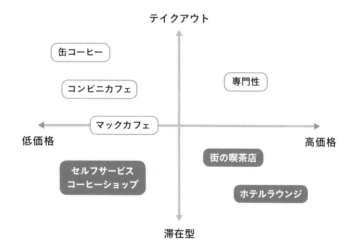

まとめ

《 ここでの目的・ゴール 》

☐ 提案する製品・サービスが、どんな製品・サービスや会社と競合するのかを明らかにする。

☐ その中で、提案する製品・サービスがどのような特徴(優位性)があるのかを明確にする。

《 ここでやること 》

☐ 競合となる商品、サービスを書き出す。

☐ 直接的な競合、似た商品、サービスを書き出す。

☐ 間接的な競合(上記以外)として、顧客が比較するものを整理する。

☐ ポジショニングマップで違いを表現する。

《 チェックポイント 》

☐ 競合の見落としはないか? 間接的な競合も含めて検討できているか?

☐ 想定する顧客は、今回のサービスと何を比較するだろうか?

☐ 想定する顧客は、現在、どのような方法でその課題を解決しているのか?

☐ 競合優位性は顧客から見たときに、当社のサービスを

選ぶ理由になっているのか？

練習ワーク

Q1.
ビールや自動車、飲食店など、あなたが興味のある業界を取り上げて、それぞれの会社・商品の差をポジショニングマップで表そう。

Q2.
自分が取り組もうと思っているビジネスのアイデアをQ1と同様に書いてみよう。

■STEP 7 [市場と市場規模]
世の中のどこに分類されるのか？

　競合について整理できたら、その次は製品・サービスが世の中のどこに位置づけられるのか(○○市場という呼ばれ方をされます)、その大きさをイメージしていきます。ポイントは、厳密にやりすぎないことです。狙う市場がいったい「どの程度の規模なのか=最大でどの程度のビジネスになり得るのか」ということです。

Question
そのビジネスはどの市場なのか？ また、その市場はどうなっているの？

　ここではあなたのビジネスが、どの「市場」に分類されるのか／世の中のどこだと理解されるのか、その「市場」は規模としてはどの程度の大きさなのか、そして、その市場は現在および将来、大きくなる（拡大する）のか、小さくなる（縮小する）のか、変わらないのかについて、答えられればゴール達成です。

　また、現時点のようなコンセプト作りの段階では、厳密な数字は不要です。これらに答えることができれば、十分です。市場規模は慣れていないと、数字の大きさについて、その感覚がつかめないと思います。そんな興味のある市場（現在やっているビジネスがあれば、その市場）があれば、「○○　市場規模」と検索してみてください。○○億円という形で数値がでてきますので、参考にしましょう。

　市場規模マップ<https://www.visualizing.info>というWebサイトもオススメです。いろいろな市場の大きさを比較して一覧できるようになっていて、市場の増減も整理されているので、参考にしながら、あなたがやろうとしている商品やサービスがどこに分類されて、その市場規模がどの程度なのか、拡大するのか／縮小するのか、調べるのに使うと便利でしょう。

column

「競合するサービスがない」なんてことはない！

これまでにない製品・サービスは競合相手がいないという人がいますが、絶対にそんなことはありません。もしそうだとすると、その製品・サービスは、世の中の人には理解されないことになります。百歩譲っても認識されるには、非常に時間がかかります。だって探せないのですから。

これまでにないサービスについて「どういうカテゴリに分類されるんだろう？」「これを買う人/使う人は何と比較するのだろう？」という観点で、必ず何らかの競合を考えてみてください。それでも競合が見つからないという方には、競合を見つける方法を二つ紹介します。

1. **自分の製品・サービスを購入する/探す人は、どんなキーワードで検索するでしょうか？**
   →そのキーワードで検索したときに出てくるものが競合です。
2. **あなたの製品・サービスは、アマゾンや楽天などのECサイト(あるいはスーパーやデパートの中)で、どのカテゴリや棚に分類されますか？ または、比較サイト広告のどこに表示されますか？**
   →その隣に並んでいる製品・サービスが競合です。

まったく新しいものも何かと比較されないと理解されません。事業を評価する際にも、「競合がいない=市場を席巻できる」とは評価されません。競合がいたほうが評価が高くなる傾向にあります。「競合がいない=魅力の低い市場」とも見えるためです。

ぜひ、顧客が「何と比較するのか」という観点から、競合を考えてみるようにしてください。

この時点では、市場規模や市場の拡大/縮小はあまり気にしなくて大丈夫だとお話ししましたが、市場規模は大きいほうが売上の上限は大きいですし、市場規模が拡大している市場の方が参入しやすいと言えます。

会社で新規事業を検討する場合には、「市場規模は5000億円以上に限る」などの制限がある場合も多いようです。その際には、きちんと調べなくてはいけません。市場規模ではなく、「売上が1000億円以上になる可能性がないといけない」という制限も同様です。このような場合は、少なくとも1000億円以上の市場規模がないと売上は、1000億円にはならないので、それ以上の規模の市場でなくてはいけません。競合他社がいることを想定するとより大きな市場でなければ検討対象とならないので、その規模を考える必要があります。

もし調査データとして、どうしても市場に関する情報がない場合には、フェルミ推定を用いて、市場規模のイメージを作りましょう。フェルミ推定とは、ノーベル物理学賞を受賞したエンリコ・フェルミが得意としていた概算の方法で、直接わからないデータを、いくつかの手掛かりを元に論理的に推論し、短時間で概算を計算する方法です。

たとえば、「折りたたみ傘」の市場規模を調べようとしたときに、直接、市場規模がわからなかったとして、いくつかの情報を元に市場規模を計算してみます。日本の人口がだいたい1億2000万人。子どもは折り畳み傘を持たないので、だいたい1億人が折り畳み傘を所有している。だいたい5年に一

度、買い換えるとすると1年間で折り畳み傘を購入する人は、全体の20%(5分の1)です。折り畳み傘の単価は高いものと安いものを平均すると1000円だとすると、市場規模は、「1億人 × 20% × 1000円 = 800億円」程度になるのではないかというのがその一例です。

実は傘の市場規模を調べると約2278億円という数字があるので、折り畳み傘の市場規模としては、おかしくないと考えられるのではないかということを確認します(全体よりも小さい、通常の傘よりも市場規模が小さいということで、よいのではないかということにしました)。

計算してみるとわかりますが、仮定の組み合わせで計算しているため、必ずしも精度がよいわけではありません。それぞれの数字が少し動くだけで、全体の数字が大きく動くため、必ずしも正しいという確信が持てません。「どうしようもないときには使う」くらいのつもりでいるとよいのではないかでしょうか。

まとめ

《 ここでの目的・ゴール 》

- [ ] 商品・サービスがどのように分類されるか/どの市場に属するかを明確にする。
- [ ] その規模を定量的に表現する(規模がわかる程度で可)。

phase 3 ふわっとしたアイデアを「事業コンセプト」にする

《 ここでやること 》

- [ ] 対象となる市場を特定して、その情報(規模と市場の成長率)を収集する。
- [ ] 対象となる市場がどうしても出てこないときは、フェルミ推定を使って計算する。
- [ ] ある程度、計算の妥当性に納得がいったら終了する。

《 チェックポイント 》

- [ ] あなたのビジネスは、世の中のどの市場に分類されるのかが明確か。
- [ ] その市場の規模はどの程度か、明確にされているのか。
- [ ] その市場は今後、拡大するのか?/縮小するのか?

練習ワーク

Q1.
身近なビジネスについて、自分自身でいくつかの市場規模を想像しながら、実際の数字と比較してみよう。

Q2.
自分が取り組もうと思っているビジネスのアイデアをQ1と同様に調べてみましょう(市場規模、増減)。

■STEP 8 [マネタイズモデル・キャッシュフローモデル]
どうやって儲けるのか？

　ビジネスを継続するためには、きちんと儲けることが重要です。数字を使って儲けがでることを計算するのと同時に、最初にいくらお金が必要で、そのお金がどのように増えていくのかを計算します。

　大切なのは数字よりも、きちんとこれまで計算した内容が計算式で示されることです。同時に、それで「利益が出る」「お金(キャッシュ)が切れることなく継続できる」ことを説明できるようにすることです。実際に動き出すときには、より精緻な計画を立てるので、ここでの数字は概算で十分です。

Question
　ビジネスとして儲かるのか？　途中でキャッシュ(現金)が切れたりしないよね？

　あなたが考えているビジネスがどのような仕組みで儲かるのか、本当に儲かるのか、最初に用意した資金でビジネスを進めていくことができるのか、お金が足りなくなることはないかを説明することが目的です。

　はじめに、このビジネスが理論的にきちんと儲かるのかを計算式で確認します。計算式と言ってもむずかしいものではありません。この計算式をマネタイズモデルと呼びます。計

phase 3　ふわっとしたアイデアを「事業コンセプト」にする

算式というと苦手意識を持つ人がいるかもしれませんが、むずかしく考える必要はありません。基本的には足し算と引き算、少し掛け算をする程度です。

　計算式のスタートはシンプルです。
「売上 − 費用 = 利益」です。これを順番に計算していって、どのように利益が出るのかを計算します。

　まずは売上です。売上の基本は、製品を販売する場合には、「単価 × 数量」、サービスを提供する場合には、「単価 × 顧客数 × 購入頻度」だと覚えておけば、ほぼ大丈夫です。基本的にはこの式を参考にして、製品の種類が増えたら製品Aと製品Bを個別に計算して足す、顧客がいくつかの種類に分かれる場合には、顧客セグメントAと顧客セグメントBを別々に計算して足すというように計算を細かくしていきます。

　売上が計算できたら、次は費用の計算です。費用は、大きく2種類あります。一つは、材料に関する費用など商品やサービスを提供するときに必要な費用で、売上が増えるほど増える(売上に比例する)種類の費用です。これを変動費と呼びます。もう一つは、賃料や人件費など、売上に関係なく一定の金額がかかる費用です。これを固定費と呼びます。

　これらを計算した式がマネタイズモデルです。まずは、一度、計算をしてみて、売上、費用(変動費、固定費)、利益を計算します。次に、きちんと利益がプラスになっているか確認します。プラスになっていない場合には、売上高をチェックして売上高を増やす方法がないか、費用をチェックして費用

を減らす方法がないのか考えます。一旦、利益が出ていれば問題ありませんが、利益率（利益÷売上）もチェックして、競合や似たビジネスと比較して大きく離れていないかをチェックします。基本的に、ビジネスの仕組みが同じであれば、利益率は近くなります。あまり大きく離れている場合には経費の見落としや経費に対して売上があがっていないということなので、再検討が必要です。

　念のため、このタイミングで市場の中でのシェアも把握しておきましょう。売上が市場規模を越えることはありませんし、競合との関係を見ながら自社の数字が適正な範囲に収まっていそうか、確認してみてください。

　マネタイズモデルができたら、次は、お金がなくなることなくビジネスを継続できるのかをチェックします。これをキャッシュフローモデルと言います。

　ビジネスをスタートするときに用意したお金が事業を継続する中で、なくならないのかをきちんと見られるようにします。

　最初に「初期投資」金額を算定します。事業をスタートするためには、最初に大きな投資が必要です。会社を作るだけでなく、お店を作ったり、工場を作ったり、Webサイトを通じたサービスであればWebサイトにもお金が必要になります。初期投資の金額はビジネスによってことなります。比較的、元手が少ないコンサルティング業では初期投資は低く抑えられますし、逆に、製品を作るときには、原材料も必要ですし

工場を建てるなど大きな初期投資が必要になったりします。

　初期投資が決まったら、その後のお金の増減を計算していきます。

　まず、収入（お金が増える分）です。少しややこしいのですが、収入は売上と同じではありません。売上が上がる＝お金が入るではないからです。飲食店の場合には顧客からその日に直接お金をもらうので、売上が上がるタイミングとお金が入るタイミングが同じです。年間の会費をまとめて先に払うビジネスの場合には、売上よりも先にお金が入ってきます。

　一般的なBtoBのビジネスの場合には、納品して翌月から半年後にお金が入るものが多いので、売上よりもお金は遅く入ることになります。支出（お金が減る分）も同様です。事前に支払うもの、そのときに支払うもの、事後に支払うものがあるので、ここを正確に把握して、お金の増減を計算していきます。

　このようにお金の増減を計算したものを「キャッシュフローモデル」と呼びます。このタイミングでは概算で問題ありませんが、実際にお金がどのように増減するのかを計算して、少なくとも、①お金がなくなってしまわないこと、②お金が増えていくことを確認できれば、ここでのゴールは達成です。

まとめ

《 ここでの目的・ゴール 》

☐ 商品・サービスが「儲かる」計算式が立てられることを証明する。

☐ 実際に、「お金(キャッシュ)」がなくなることなく、継続可能であることを証明する。

《 ここでやること 》

☐ マネタイズモデル(収入と支出の関係)を作成する。
  ・売上(収入) = 単価×顧客数×購入頻度
  ・費用(支出) = 変動費+固定費
  ・利益 = 売上(収入) − 費用(支出)

☐ キャッシュフローモデル(資金繰り)を作成する。
  ・初期投資を計算する。
  ・その後の収入(入金)、支出(出金)を計算する。
  ・上記を合わせて、全体としてもお金(キャッシュ)の増減を計算する。

《 チェックポイント 》

☐ 数字を分解して、計算式で表現できているか(足し算、引き算、掛け算)。

- [ ] それぞれの数字に妥当性があるか。
- [ ] 計算した規模が他のサービス・他社などと比較して、妥当な範囲に収まっているか。
- [ ] これまで作成したビジネスモデルと矛盾はないか。

練習ワーク

Q1.
いくつかの会社を取り上げて、「売上＝単価×数量」という計算式を立てて売上を計算してみよう。

Q2.
自分が取り組もうと思っているビジネスについて、マネタイズモデル、キャッシュフローモデルを書いて計算してみよう。

■STEP 9 [取り組む意義、大義、ビジョン]
なぜ、今、自分(たち)はこれをやるのか？

　これまで新しいビジネスを起こすときにあなたがやるべきことについて説明してきました。

　ここではなぜ、他人(他の会社)ではなく、あなたが(自分の会社が)やらなくてはいけないか説明をしましょう。目的は、あなたがやりたいことや実現したいことに周りの人たちから共感してもらうことです。これまでは比較的、客観的で現実的な内容を書いてきましたが、ここは主観的に書いていくこ

とが大切です。

> **Question**
> なぜ、今、あなた(あるいは、わが社)は新しいことをやるのか?／やらなくてはいけないのか?

　必ず自分で取り組まなければいけない理由を説明しましょう。「やらないよりやった方がよい」「やったらよいことがある」「私がやりたいから」程度の理由では、残念ながら説得力が弱いです。「儲かるから」「リスクがないから」という理由でも、他人の共感を得ることはできません。

　個人で取り組む際には、自分自身が本当にやりたいこと、自分自身の志や自分が世の中で果たそうとしている役割(ミッションと言います)を考えてみることです。

　会社の中で新しいことに取り組む場合も同様で、会社の経営理念・バリュー(会社として大切にしている価値観)、ビジョン(実現したい世界)、ミッション(会社が社会の中で担っている役割)、経営戦略(会社が向かうべき方向)と合わせて、「なぜ」「今」「私たち」がやらなければいけないのか、自社でなければいけないのかを説明できることが大事です。

「それに取り組まないと将来、会社が大変なことになってしまう」「今やらないと手遅れになる」くらいの表現になるように書いてみましょう。

> **✗ 悪い例**
> 今後、市場の成長が見込まれるため。自分自身、学生時代から関わってきた活動なので、会社で実現したい。

この表現では、あなたがやりたいことは伝わっても、会社として絶対にやらなくてはいけないとまでは言い切れません。

> **○ よい例**
> 本提案は「新しい家電(AI)がリビングに入ることで人々のライフスタイルが変わる」という世の中の大きな流れをとらえていると同時に、成長分野として期待される「ヘルスケア分野」に関わるプロジェクトになるため、当社でこそ取り組まなくてはならない。

> **✗ 悪い例**
> ロボット教室の全国展開。STEM教育の流れがあるから。

これらも同様に、よい気もしますが、「絶対にやらなくてはいけない」とまで言い切れず、また、提供者の情熱も伝わりきりません。

> **◯ よい例**
> ロボットという多くの人が夢を持つテーマで具体的にエンジニアリングを学び、コミュニケーションをして、本当のモノを作り出す喜びを知ってもらいたい。算数、理科の得意な子どもたちのチャレンジの場を作りたい。

新しいことに取り組むときに「志」や「大義」は重要です。よい機会なので、あなたもぜひ、「絶対に自分/自社がやるべき理由、志」を考えてみてください。

まとめ

《 ここでの目的・ゴール 》

- [ ] ビジネスとして成立する/しないとは異なる視点で「やりたいなぁ/やるべきだなぁ」と思ってもらう。
- [ ] 説明してきた提案内容を他の人ではなく、「自分がやらなければいけない理由」をはっきりさせる。
- [ ] この提案で「成し遂げたいこと/実現したい世界」を周りに伝える。
- [ ] 読む人に「共感」を持ってもらう/同じ「夢」を持ってもらう。

phase 3 ふわっとしたアイデアを「事業コンセプト」にする

《 ここでやること 》
- [ ] 自分がやらなければいけない理由を説明する。
- [ ] あなたがこの提案で成し遂げたいこと/実現したい世界を伝える。
- [ ] 読む人に共感を持ってもらう/同じ夢を持ってもらう。

《 チェックポイント 》
- [ ] 本当に意味/意義のある内容になっているか？
- [ ] 読み手にとって、十分に魅力的な内容になっているか？
- [ ] 自分が本当にやりたいと思っているか？
- [ ] これまでの記述と齟齬や矛盾がないか？

〈会社内で新しいことをしようとしている場合は……〉
- [ ] 会社の意思決定としてYESと言える/言いやすい/言わざるを得ない内容になっているか？
- [ ] 他社ではなく、自社が取り組む理由になっているか？
- [ ] 個人レベルではなく、会社が取り組む理由になっているか？

練習ワーク

Q1.

いろいろな会社の企業理念やビジョンを見ながら、最も共感

するものを選んでみよう。

Q2.
自分が取り組もうとしているビジネスについて、なぜ、今から自分(たち)がやらなければならないのかを説明してみよう。

■まとめ
「再度、自分がやりたいことなのか」を確認する

　Step 0 からStep 9 までを一旦、埋めることができれば、「必要な条件は埋まっている状態」=「事業コンセプトができている状態」となります。この時点で、あなたにやってもらいたいことが二つあります。

　一つめは、それが「自分が本当にやりたいこと/当初思っていたことになっているか」をもう一度、確認することです。個別の項目を埋めていくうちに、最初に感じていた魅力や思い、志が色あせてしまっていませんか？　本当にあなたが大事にしていることはそのまま残っていますか？　満足な内容であればOK。失われていれば、もう一度、見直しながら、ワクワクする内容になるまで修正していきましょう。

　二つめは、もう少し客観的に、他者から見て「この事業が魅力的に見えるのか」をチェックしてください。

　以下のようなチェックリストを使って、事業コンセプトの

phase 3 ふわっとしたアイデアを「事業コンセプト」にする

チェックをします。
- □ 書き出した事業コンセプトを声に出して読んでみて、違和感はないか。
- □ 矛盾している箇所はないか。
- □ 正確に意味が伝わっているか。
- □ 意味がわかりにくいところはないか。
- □ 日本語の間違い、誤字・脱字はないか。
- □ あなたが考える提案の魅力が伝わるか。
- □ あなたの思いが、きちんと伝わっているか。
- □ 現時点で、あなたがこの内容で満足か。
- □ 読んだ人がこの提案を魅力的だと感じるか。

ここまで書くと、単なるアイデアは随分、具体的になってきました。この状態になれば、いよいよ周囲と議論できるようになります。単なるアイデアの状態で周囲と議論をしようとしても、「いいんじゃない」「むずかしいかもしれないね」など、感想はもらえますが、具体的に「ここが問題だ」「もっとここをこう変えるとうまくいく」など、建設的な議論はできません。コンセプトができあがったら周囲に積極的に意見を求めていきましょう。その目的は、

①自分が考えていることを理解してもらうこと。
②具体的なアドバイスをもらうこと。

です。具体的に他人にあなたの考えていることを話すことで自身の理解を深めることにもなります。しっかりと書いて

いれば、遠慮することはありませんので、ぜひ、自信を持って意見をもらいましょう。

ここで私がプロジェクトで使っている質問リストを紹介しますので、参考にしてみてください。

- □ この事業コンセプトは行けそうだと思うか？/行けそうでないと思うか？　その理由は？
  - ・良いところ
  - ・悪いところ
- □ 自分の説明でわかりにくかったところはどこか？
- □ この製品やサービスにお金を出す顧客はいるだろうか？　顧客に提供価値が届くだろうか？
- □ もし、問題があるとしたら、どこだろうか？
- □ もし、あなたが私の立場だったらこのアイデアをどのように工夫してビジネスを進めていくか？　何となく気になることがあるか。それはなぜか？

ポイントは、「厳しい指摘も含めて、全部、コメントをもらうこと」です。特に、反論する必要はないので、周りの人たちからの話はすべて聞くようにします。その上で修正するものは修正する、しないものはしないと判断します。それを決めるのは、自分でよいのです。なかには無責任なコメントをする人がいるかもしれませんが、それは一つの意見として受け入れましょう。しかし、それに振り回されることはあり

ません。

　意見を受け入れるかどうか迷ったときには、個人的には、以下の4点で、その人のアドバイスを聞くかどうかを判断しています。迷ったときの参考にしてください。

- ☐ 私の状況にあわせたアドバイスなのか？
- ☐ 発言について何らかの経験や根拠があるのか？
- ☐ 代替案があるのか？/その人が、「自分ならこうする」と説明できるか？
- ☐ 私に対して、何かサポートをしてくれる準備があるのか？

最終的には、あなたが全体を通して、本当に自分が「やりたいこと」を表現できているかどうかが大切です。矛盾なく、すっきりと自信を持って説明できるようになるまで検討を繰り返して、納得のいくまで書き直して完成させてください。

phase 4

時間＆順番を入れて「事業計画」を仕上げる

phase 3 では、単なるアイデアを具体的にしてコンセプトにするステップを説明しました。ここまでで、周りの人たちとそのビジネスがよいのか、悪いのかの議論できるようになりました。

　phase 4 では、事業計画を作る方法を説明します。「時間」と「順番」をコンセプトに組み込んで、いつまでにどんな順番で実現するのかを書いたものが「事業計画」です。

　事業計画を作るときに、どのような順番で何をするのか。それがお金やKPI(Key Performance Indicater／ビジネスの成果を測る主要な指標のこと)にどのように反映されていくのかを計算し、事業全体として整合性が取れるようになるまで調整をしていきます。

　実際にあなたがビジネスとして取り組むべきことが決まり、その結果、数字がどのように推移するのか、把握できるようになれば、ここでの目的は達成です。

phase 4-1
「ゴール」と「マイルストーン」で、先に目標を決めよ

　事業計画を作るときには、二つの考え方があります。一つめは、「やるべきこと」を積み上げて、ゴール・目標を決めていく方法(ボトムアップ)です。二つめが、先に、ゴー

ルを設定し、それを実現していくために何をするべきか逆算して、全体を設計する方法(トップダウン)です。

具体的には、「これをやらなくてはいけない」「これができたら、次にこれをしよう」「その結果、５年後にはこういう結果になる」と考えていくのが、ボトムアップで考える方法です。一方、「５年後にこういう結果を出す」と先に決めて、「そのために今年は○○をして、来年には○○をして……」と考えるのが、トップダウンで考える方法です。

新しく事業をはじめる場合には、何をするとどうなるか、なかなかイメージできないものです。やらなくてはいけないことが多くて、優先順位をつけるのもむずかしいからだと思います。

私がオススメしたいのが、二つめに紹介した先にゴールを決めて、そこから逆算して自分がやるべきことを考えていく方法です。これを選ぶメリットは、迷ったらゴールに戻ることで、結果につながることに集中できて、ムダなことをやらないですむことです。

もちろん、一つめの「最初にこれをやって」「次にこれをやって」と、順番に考えていく方法もあります。こちらは、やるべきことに集中できるので、こちらの方が取り組みやすいという人もいますが、このときにはゴールを常に忘れないようにしてください。

この話をすると、「最終的にその事業がどうなるかわからないのに、先にゴールを決めるのは無意味なのではないか」

「ゴールを先に決めてしまうことで、制限ができて柔軟性がなくなるのではないか」という質問が出てきます。

確かに、新規事業では軌道修正や延期せざるを得ないことが多くあるのも事実です。その際も、修正するためには目指すべき方向やゴールが必要です。そうでないと、つまづいたときに先が見えなくなり、うまく修正することができなくなってしまいます。

では、ゴールはどのように作ればいいのでしょうか。はじめは根拠がなくても「5年間でゴールを達成する」と期限を決めてしまいます。売上や利益、お客様の数など数字で表すことのできる定量的な観点から、それぞれの数字を自分でイメージしながら決めていきます。

そのときに同時に、KPIと呼ばれるあなたの事業を成立させるために必要な経営に関わる数字目標も設定します(KPIはビジネスによって市場シェア、リピート率など個別に設定します)。この5年後のKPIを現実のものにするために1年後、2年後……と、途中で達成させたい小ゴール(マイルストーン)を決めていきます。

たとえば、「今のビジネスを5年で売上を2倍にする」ことをゴールにした場合ですが、売上が、

「売上＝顧客数×単価×年間購入回数」

で表されるとすると、この顧客数、単価、年間購入回数がKPIの候補となります。さらに、顧客数に注目して、

「顧客数＝既存の顧客＋新規に獲得した顧客－離脱した顧客」

で表されるビジネスだとすると、これらもKPIの候補となります。

続いて売上高2倍という数字を決めて、どのように達成していくのかを考えてみることにしましょう。

売上高を2倍にするには、顧客を2倍にする、単価を2倍にする、年間購入回数を2倍にする、それらを組み合わせるといういくつかのやり方があり、どれがいいのか迷うところです。こういうときは、どれが現実的なのかを冷静に考えなくてはいけません。

冷蔵庫のような家電製品の場合、製品の性質上、単価や年間購入回数を2倍に上げるのは困難でしょう。であれば、顧客の数を2倍にすることを考えていくことになります。もし、ここで既存の顧客数を増やすことがむずかしいのであれば、新規に獲得した顧客を増やし、離脱した顧客の数を減らすということが、数字としては現実味があります。こういうケースでは、これをKPIとして設定します。

新規顧客の獲得については、「いくつかの方法を最初の2年間で試した上で、一番、効率の高い方法を残りの3年間で展開する」というように「実験・検証する」プロセスを上手に取り入れながら考えていけばよいでしょう。

このように少しずつ具体的に「やること」と「順番」をイメージをしながら、ゴールを分解して、それをステップ・バイ・ステップで実現していくように考えていってください。

phase 4-2
狙う市場規模を計算し、「ドミノ倒し」で大きな市場に打って出る

　次に、自分が戦う「市場」の大きさを計算します。新しい事業の市場の見せ方にはコツがあります。

　最初に、「市場規模が小さいです」と見せると、「そんなニッチな市場(サイズが限定されている)ではつまらない」と、周りから言われてしまいます。では、もう少し大きい市場で勝負しようと、「市場規模が大きいです」と見せると「そんな大きな市場で競合もたくさんいる中で新しくやるのに、勝てるのか」と言われます。

　市場が小さくてもダメ、大きくてもダメ、どうしよう……と困ってしまいます。

　正解は、「最初に限定された小さな市場からスタートして、その成果を持ってより大きな市場に参入する」というように段階的に見せていくことです。

　最初に、ある市場を狙って、その次に、この市場、さらにその次は、この市場というようにドミノ倒しのように市場を倒していくというように見せます。可能であれば、最初の市場は、狭くて確実に勝てるような市場が望ましいでしょう。そこで実績を積んだ状態で、次の市場に展開し、さらに次の市場へ展開するというようにしてください。全体のイメージ

としては、「堅実な一歩」を確保してから、「おもしろい展開」「大きな夢」を周りの人に見せられるようにすると、ビジネスの可能性を納得してもらいやすくなります。

今では一般的なスポーツブランドであるアンダーアーマーも、最初はアメリカンフットボールのトップ選手やイチローなどのメジャーリーガーに向けた限定された商品でした。そこから大学スポーツへ展開、テニスなどの他のスポーツにも進出して、今では、一般向けにも展開するアパレルブランドになっています。

名刺管理システムのsansanも、最初は個人向けの名刺管理アプリとしてスタートしましたが、ある程度広まったタイミングで、法人向けの名刺管理(CRM)やビジネスパーソン向けのニュース媒体へと展開しています。

直近で言えば、IoT(モノのインターネット)などのデバイスを活用したビジネスなども、代表的な事例でしょう。GEのジェットエンジンでは、故障データを使ってメンテナンス向上サービスを提供する一方で、あるタイミングから飛行データを用いて、最適飛行のコンサルティングビジネスに進出しました。Uberもタクシーから物流への展開など、ある市場を寡占した後に展開するような戦略をとっています。

ここからわかるように、あなたが最終的に狙う市場が、たとえ大きくてもいきなりそれができるわけではありません。はじめに、確実な市場を一つ倒していくことです。その上で、ドミノ倒しの考え方をうまく取り入れて、市場を大きく拡大

していくイメージを持ってみましょう。

phase 4-3
顧客が「素敵な体験をする姿」をリアルに描く

どんなビジネスでも一番、大事なのが「顧客」です。顧客とはお金を払ってくれる人です。どんなビジネスでも、このお金を払ってくれる人がいなければ、ビジネスは成立しません。

ここでは顧客像を具体的に定義する方法、顧客をよりよく知る方法について解説することにします。

① 顧客像をより明確にする「ペルソナ・共感マップ」

コンセプトに基づき顧客をより具体的にしていきましょう。

このときに役立つのがペルソナという考え方です(図表4-1)。ペルソナとは、心理学用語で「人格」という意味で、顧客をひとりの人物として想定する方法です。

一般的なマーケティングでは、顧客全体をある分類(セグメント)に分けて、その中から対象となる顧客層(ターゲット)を特定して、その特定した顧客層に向けて製品・サービスを提供する方法を考えますが、ここでは顧客を集団ではなく、「個人の顔が見えるくらい」具体的に記述するという考え方です。

■ 図表4-1 ペルソナとは？

顔写真

プロフィール

鈴木 崇（38歳・男性）

（家族構成）
妻、子ども2人（4歳 女子、1歳 男子）

（勤務先・職業・役職）
中堅商社・営業部・課長

（世帯年収）（休日の過ごし方）
600万円　家族と過ごす or ゴルフ

ストーリー（人物像がわかるような話）

- 中学生から高校生まで野球に打ち込み、大学ではテニス部で活躍していたスポーツマンだったが、社会人になってからは、あまり運動しなくなった。
- 休日は接待で行うゴルフか、なければ子どもと遊んで過ごすようになった。
- 最近、社内の人に「太ってきたんじゃないか？」と言われて、自分が太ったことに気がつく。
- 会社の健康診断もいくつか気になる数値が出てきて、自分がもう若くないことに気がつく。
- 大学のテニス部の友人も何人か、転職、起業していて活躍しているという噂も聞こえてくる。
- 仕事に不満はないが、これから子どもが大きくなる中で稼がないといけないことを考えると、将来に対して漠然とした不安もある…。

▶ 書式は自由。そのときの目的に応じて「個人」がイメージできるまで、具体的にしていく

ペルソナ分析では、人物像が具体的にイメージできるように、年齢、性別だけではなく、生活スタイルや考え方など詳細を記述していきます。ペルソナを書いたら、「本当にそういう人がいるだろうか」と考えてみます。あなたの周囲にイメージに近い人の顔が浮かべば、ベストです。

　私が実際に行っているのが、自分が想定している人物像に近い人の写真をインターネットや雑誌などから選んで横に置いておくことです。「こんな顔をした人」と、プロジェクトメンバーで顧客像を想定することで、常にターゲットを具体的にイメージしながら作業ができます。

　このプロセスを踏むことで、常に想定している人のことを考えるようになるので、イメージがどんどん明確になっていきます。あなたもぜひ、ペルソナ分析をするときは、自分が想定した顧客を思い浮かべて、お役に立つことはなんだろうか、喜んでもらえることは何だろうかと、深く考えてみてください。

　ペルソナが描けたら、その人のことをより深く理解するための作業をします。ここでは、「共感マップ」を使用します（図表4-2）。共感マップは、Xplane社によって提案されたフレームワークで、その顧客がどんな環境にあって何を考えていて、どんな特徴があるのかを網羅的にわかりやすくまとめるのに適したツールです。

　共感マップでは、六つの質問をします。これらの質問に回答しつつ実際にその人になりきって、どんな状況に置かれて

いて、どんな人とコミュニケーションをとり、何を考えたり、感じたりするのかをリアルに想像していくことになります。顧客に対して非常に親しい気持ち、何を感じているのかをよく理解できるようになると思います。

■ 図表4-2　共感マップとは？

3

What does she THINK AND FEEL?

（顧客は何を考え、感じているのか？）
大きな関心事、心配、願望

2

What does she HEAR?

（顧客は何を聞いているのか？）
友人、上司、インフルエンサー
が言っていること

属性、性格、嗜好など

1

What does she SEE?

（顧客は何を見ているのか？）
環境、友人、市場が提案するもの

4

What does she SAY AND DO?

（顧客はどんなことを言い、どんな行動をしているのか？）
公の場での態度、様子、他人へのふるまい

5

PAIN

（痛みを与えるもの）
おそれ、フラストレーション、障害物

6

GAIN

（得られるもの）
ウォンツとニーズ、成功の基準

② **顧客がユーザーになるまでを描く「カスタマージャーニー」**

顧客の姿とその考えていることを明確にできたら、「時間」と「順番」の考え方を意識してその人があなたのビジネスにどのように出会い、どのような経験をして、どのように本当の顧客になっていくのかを具体的に設計していきます。ここでは、「カスタマージャーニー」というフレームを使うと整理しやすいと思います(図表4-3)。

具体的には、時間軸をとって、顧客があなたの製品を認知するところからスタートします。実際に、どのようなプロセスや経験をして購入に至り、購入してから、どのような経験をして、どのように再購入するのかをわかりやすく記載していきます。

カスタマージャーニーは、顧客の体験です。時系列に見ていったときに、商品やサービスが顧客にとって十分に魅力的な内容になっているか? そもそも購買にいたるプロセスにムリはないか? ということを整理していきます。

顧客は、もともと移り気ですし、サービス提供者の都合に合わせて動くわけではありません。関心事が変われば、何の予告もなしに途中で離れていきます。あるいは、誠意の感じられない行動をとられたと感じたときも同様です。ですから、どんなときでも顧客にとって「素敵な体験を提供できるのか」「スムーズに自然に次のステップに進むのか」チェックする必要があります。

phase 4 時間＆順番を入れて「事業計画」を仕上げる

■ 図表4-3　カスタマージャーニーの例（ホテルの場合）

プロセス1：ホテルを探す

思考・感情
- いくらなのかな？
- 快適、安全かな？
- ご飯はおいしいかな？

行動

検索する　レビューを見る　友人に聞く

プロセス2：ホテルを予約する

思考・感情
- きちんと予約できているかな？
- 予約した内容に間違いはないかな？

行動

プロセス4：帰ってくる

思考・感情
- よいホテルだったな
- 友人にお薦めしよう
- SNSにのせよう

行動

プロセス3：泊まる

思考・感情
- 思っていたよりも駅から時間がかかったな
- 従業員の対応がいいな
- 部屋が快適だ
- ご飯がおいしい

行動

では、このような「素敵な体験」のプロセスを上手に描くためにはどうしたらいいのでしょう。

そのために購買行動モデルと呼ばれるフレームを使います。一般的に顧客が、商品・サービスを認知し、欲しいか、そうでないかを決めて購入にいたるまでのプロセスをモデル化したものです。

代表的なものが、AIDMA（アイドマ）という考え方です。Attention（注意）、Interest（関心）、Desire（欲求）、Memory（記憶）、Action（行動）の頭文字をとったものです（図表4－4）。最近では、インターネットで購入することも多いためAISAS（アイサス）という考え方も使われます。Attention（注意）、Interest（関心）、Search（検索）、Action（行動）、Share（共有）の頭文字をとり、こう呼ばれています。

③　最初の顧客をどのように獲得するのか

「お金を払ってでもその製品・サービスを欲しい人が一人でもいる」という事実が一番大切です。「あったらいいね」と「お金を払っても欲しい」には大きな差があります。0円と1円はまったく違います。実は最初の顧客を獲得することが一番、むずかしいからです。

具体的に顧客第一号を獲得するときですが、最初は知り合いや友人など、ある程度、気心を知っている人のほうがよいかもしれません。その人の好みや行動、生活スタイルなどを設計しやすいため、あなたが商品やサービスを提供すること

□ 図表4-4　AIDMA、AISASの例

AIDMAモデル

AISASモデル

になった場合、実際にお金を払ってくれるのか、そうでないのかをリアルにイメージしやすくなります。

　もし、ここで提供する商品やサービスがあなたの想定する顧客第一号と合わないと気づいたときは、想定していた顧客を変えるか、逆にその顧客に何を提供したらお金を出してもらえるのかを考えて製品・サービスを変更します。

　これを何度か繰り返して、あなたのビジネスの顧客が決まっていきます。

　最初の顧客が獲得できたら、そのときに購入した理由、使ってみたときの感想を聞きましょう。自分としては「安い」ことがそのよさだと思っていた製品が、実は「簡単に使える」ところによさがあったなど、意外な声が聞けるかもしれません。顧客を広げるため、場合によっては知り合いを紹介

してもらうようにします。

　次に知り合いを紹介してもらうために顧客の声をユーザーの声として使わせてもらい、販促に活用していくのもよくあるやり方です。このように新たな顧客を確保するためにできることを考えて取り組んでいきましょう。

　ここでは、製品・サービスを知り合いから「おもしろいね」「いいね」と言われても安心してはいけません。たとえ共感してくれても、それがイコール財布のひもを緩めてくれることに結びつかないことも多いからです。顧客調査は、どれだけやってもやりすぎることはありません。事業計画を作成する際にどこまで顧客調査をしておくかは決まりはありませんが、私は顧客候補に話を聞いて、「十分、購入の価値がある／購入する」というひと言をもらっておくところまでは絶対やっておくべきではないかと思います。

phase 4-4
やるべきことはガントチャートでスケジュール化する

　ビジネスのゴールを数字で具体化させ、そのために顧客をどのように獲得していくのかが決まったことで、ビジネスの一番重要な部分は決まりました。

　そのあとに行うのが製品やサービスを提供する仕組みを作

ったり、必要なモノを調達したり、人を採用するなど、実際の活動としてやるべきことを整理することです。

　まとめ方として一般的なのが、ガントチャートです（図表4－5）。ガントチャートとは、縦にやるべきこと（タスク）を並べて、横軸に時間を書き入れ、何をどの順番に取り組んでいくのかを一覧できるようにしたものです。作り方は、それほどむずかしくありません。

　①はじめに、やるべきタスクをとにかく洗い出す（付箋に書く）、②時間とマイルストーンを貼って、時系列にタスクを並べていく、③全体を俯瞰しながら、まとまりを作りながら整理していく。

　これらを繰り返しながら作成していきます。カレンダーを見ながら、具体的に日付を入れていくとイメージしやすいでしょう。作成するときには、次の点に注意しましょう。

- □：個別のタスクについて、「インプット（その作業をするのに必要な情報）」と「アウトプット（その作業の成果物）」をはっきりとさせる。
- □：それぞれのタスクを行うのに必要な情報がきちんとそのタイミングで揃うのかを確認する。
- □：遅くてよい理由がないものは、原則として「早め」にタスクを割り振る。
- □：意図的に途中でチェックするタイミングを設けておく。
- □：バッファ（余裕のこと。作業が遅れた場合に取り返す時間）を

■ 図表4-5　ガントチャートの例

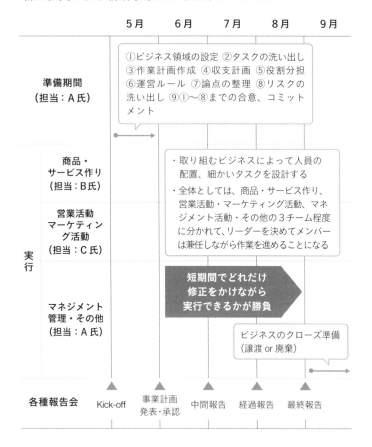

持っておく。

　作成したら「全体のヌケやモレ、ムリなものはないか」「ここが遅れたら全体が遅れてしまうタスク＝常にチェック

すべきタスク」は何かをチェックします。

　タスク全体として実行可能なタスクを確認するようにしましょう。

　さぁ、これで「この順番で取り組めば事業計画を実現できる」状態になりました。

phase 4-5
事業のリスクを洗い出す

　ゴールと途中の目標も決まりました。最初の顧客をどう獲得してその後、顧客がどのように増えていくか、実現するためにするべきこともはっきりしました。この時点で、あなたがやるべきことと、そのときに期待できる成果もはっきりとイメージできるようになっていると思います。

　ここでは、一旦、視点を変えて、事業が計画通り進まない場合（リスク）について考えてみます。リスクと言うと、あまりよいイメージを持たない人もいますが、リスクは悪いことではありません。新しいことをしようとするのに、絶対にうまくいく保証はありません。リスクは必ずあるものです。

　よくないのはリスクを「ないことにする」ことです。「ないこと」にしておいて、実際にそれが起きて困る……というのが一番の痛手です。リスクに対する正しい対応は、「ある程度、想定しておいて、致命傷を避ける」ことです。

海外に進出する際に、その国自体の経済が冷え込んだり、政治状況が変わるリスク(カントリーリスク)は、常に存在しています。それを無視して海外進出をしてはいけませんが、一方で、リスクがあるからという理由で進出しないでてはいつまでも進出できません。そのときに、「どのようなことが起こるのか」を、想定しておいて、致命傷にならないように準備しつつ、進出するというのが正しい考え方です。

　それでは、ビジネスにおいてリスクはどのようなものがあるのでしょうか。

　作業としては、一旦、思いつく限りのリスクを書き出します。「もし、このビジネスがうまく行かないとすると、それはどんな場合なのだろう」という問いかけをし、それに答えていきます。

　これまではうまくいく、うまくいかせることを前提に考えてきましたが、少し違った視点から考えてみてください。

　もし、売上があがらないとしたら何が原因なのか？　もし、原価が高くなってしまうとしたら、何が原因なのか？　もし、費用が余計にかかると何が原因なのか？　もし、この計画でうまくいかないとしたら、どこに問題が起こるのか？　など、あらゆる可能性を考えてみてください。

　余裕があれば、周囲の人にもリスクについて聞いてみるようにしましょう。あなたは計画に惚れ込んでいるので、よくないところが見えにくくなっています。客観的な人のほうが、より批判的にチェックしてくれるので、リスクを挙げられる

ものです。

　挙がってきたリスクは「起こる可能性が高い/低い」「起きたときにダメージが大きい/小さい」という表を書いて、そこに整理してみてください。

　「起こる可能性が高くて、起きたときのダメージが大きいもの」は、最優先で対策しておかなくてはいけません。「起こる可能性は低いけれども、起きたときのダメージが大きいもの」は、次に対策をしておくべきことです。起きたときのダメージが小さいものに関しては、優先順位は下げて、起こる可能性もそのときのダメージが小さいものは、起きてから考える程度でよいと思います。

　新しいことをはじめようとすると、いろいろな意見や質問が出てきますが、必ずしも全部、完璧に回答する必要はありません。起こる可能性が低いもの、起きたときのダメージが小さいものでは、「そのリスクは大した問題ではないので、そのときに考えるようにします(ほとんど起こらない。起こったところで大した影響がない)」という回答で構いません。

　反対に重要なものに関しては、「そのリスクは重要な問題です。なので、そのときには、○○という対応をします(対策がある)」というのが基本的な回答になります。場合によっては、「そのリスクは大問題です。そのときには、方針を変更して撤退する」というものがあっても構いません。

　海外に進出する際のカントリーリスク、日本各地の災害リスク、リーマンショックなどの経済的なリスクまで言い出す

と、何をどうしてよいかわからなくなります。あらゆるリスクは「絶対にありえない」ということはないので、まずは、きちんと受け入れて、いろいろなケースを想定しておくべきです。

もし、想定していないリスクを指摘されたら素直に、「そのようなリスクは想定していなかったので、十分に対策を考えて、回答します」と答えましょう。

図表4−6に一般的に挙げられるリスクを一覧にしましたので、参考にしてください。

◻ **図表4-6　一般的に言われるリスクの例**

売上／販売に関連するリスク	顧客	想定していたニーズがない／想定より少ない
	競合	競合が想定外の動きをする
	営業	意図したように売れない など
原価／製造に関連するリスク	モノ／開発・生産	仕入れが想定通りにできない 生産、品質などが意図どおりにいかない など
	ヒト／人材・組織	採用、育成、退職など、計画どおりにいかない 必要な組織、体制が組めない など
資金調達のリスク	カネ／資金、為替	資金調達がうまくいかない 金利・為替が想定外に変動する など
環境変化のリスク	外部環境	政治、経済、環境が大きく変化する など
	内部環境	社内の他事業の影響 会社体制の変更 など

phase 4-6
売上/利益計画、投資計画を作る

このphaseの最後は、「お金」の話です。

事業計画を作るときは一番先に、「お金の計算をしなくてはいけないのではないか」と思いがちです。実際にお金の計算をするのは、ゴール・目標・顧客をどのように獲得するのか、それをどうやって実現していくのか、事業がうまくいかない場合にどんなことが起きるのかなど、課題に関しての対策や方針が決まってから計算します。

お金に関しては、実際にどれくらい利益が出るのかを計算する損益計算書(PL)と、お金の出入りを計算する資金繰り表(CF)を作成します。コンセプトで作成した概算をより精緻にしていきます。以下は一般論ですが、基本的に持っておくべき知識について説明します。

損益計算書ですが、「売上−費用＝利益」というのが基本的な構成です(図表4−7)。売上は、コンセプトのところで作った計算ロジック(単価×数量)で計算していきます。うまくいった場合、うまくいかなかった場合も入れて、ベストケース、通常ケース、ワーストケースの三つを作っておきましょう。

費用は大きく分類すると、原材料などの売上と共に変わる変動費・売上とは関係なく、一定の費用がかかる人件費や家

■ 図表4-7　損益計算書の作成イメージ

売上高					
売上原価	売上総利益（粗利益）				
	販売費及び一般管理費	営業利益			
		営業外損益	経常利益		
			特別損益	税取引前当期純利益	
				法人税等	当期純利益

賃などの固定費に分類されます。変動費は商品であれば、一つの製品を作るのにかかる費用、サービスであれば1人／1回サービスを提供するのにかかる費用により決まります。固定費は、ガントチャートで何をするか決めたと思いますので、それぞれにいくら使うのかを足して計算します。

　売上を上げるために必要な費用はすべて入っているか？　供給するために必要な費用を忘れていないか？　なども、チェックしてください。利益は「売上－費用」で計算します。

　さて、問題はここからです。

　実際に、コンセプト作りのときに作成した数字をゴールにして、同様の計算式で作成したものが大きな赤字になるようであれば、修正が必要です。売上を上げるためには「顧客数を増やしますか？」「単価を上げますか？」「購入回数を増やしますか？」と、売上が増えれば変動費も増やします。顧客

数を増やすのであれば、その分、固定費として顧客獲得の費用(マーケティング費用)を追加しなくてはいけません。「その効果が出るのはその年ですか？」「それとも翌年ですか？」などを考えながら、数字を修正していきます。

　数字を修正していくと、顧客獲得の数を倍にするのであれば顧客獲得の活動も増えるので、作成したガントチャートにも影響があります。どうしても目標に達成しない場合には、目標の数字を修正する必要もあります。このように数字を調整しながら、これまで作成してきた計画も微修正しながら進めます。

　売上と費用は別のものですが、実際には連動していることを忘れないことが重要です。売上を上げるためには、マーケティング費用が必要になりますし、人件費を低く設定すれば、当然、やれることは少なくなります。細かい数字を修整しながらも全体を見て、数字を調整していくことを意識しましょう。

　資金繰り表も同様です(図表4-8)。自分で事業に取り組んだことのある人にはよくわかりますが、資金繰りは「超重要」です。資金がなくなるとそのまま倒産してしまうからです。仮に利益が出ていても会社が潰れてしまいます。数字を見ながら絶対にマイナスにならないように気をつけてください。

　まず、用意した金額を確認します。そこから最初に使うお金を引いて、その後、毎年必要になる支出(ランニングコスト)を引いて、これに収入を足したものが、この資金の増減の基本です。

おそらく最初は初期投資が必要なので、資金は大きく減ってしばらくは収入よりも支出が大きくて資金が減っていくものの、徐々に収入が増えてきて基本的には資金が増えていきます。これもベストケース、通常ケース、ワークケースの3種類を用意します。

　これを見ながらきちんと資金がゼロにならないだけの初期費用(資本)を確保します。大きな初期投資が必要で回収に時間のかかるビジネスでは、最初に十分な資本が必要です。逆に、比較的立ち上げが早い段階で利益が出て回収も早いビジネスでは、初期費用は最低限で十分です。まずは、作成してみて理論的に潰れない(資金がなくならない)ビジネスを組んでみましょう。

■ 図表4-8　資金繰り表のイメージ

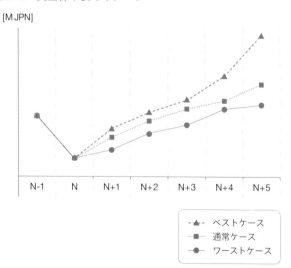

自分で会社を設立し、資金を調達してビジネスを行う場合には、資金繰りは可能な限り余裕を持つことが必要です。資金がなくなると、そのまま会社が倒産してしまいます。自分が責任者として、資金繰りを見たことのある人はよくわかりますが、最初にある資金がドンドン少なっていく様子は、普通は怖いと感じるものです(ちなみに、「現時点で見えている売上だけで収入がなかったら〇カ月後に資金が尽きます」というのをバーンレート／会社が燃え尽きるまでの期間と言います。経営者は資金繰り表とも相談しながら、経営を進めないといけないのです)。

一般的には、3年で単年度で黒字(利益が出ている状態)、5年で累損解消(最初に投資したお金が返せる状態になる)が一つの目安であると言われています。まずはそのあたりを目指しつつ、あなたが目指すべき数字、スピード感を実現するプランを作成していきましょう。

最後に事業計画の全体像をチェックします。
□：顧客について、深く理解できましたか？
□：その顧客があなたの製品に出会って、経験するまでは上手に設計できていますか？
□：顧客に製品やサービスを提供することができていますか？
□：それらが、きちんと行動計画に落ちていますか？
□：想定されるリスクは洗い出されていますか？
□：上記が、漏れなく数字に反映されていますか？

□：最終的に、このビジネスは利益の出るビジネスになっていますか？
□：最終的に、このビジネスは資金がなくなることなく成長できますか？
□：ここで作った「事業計画」は、あなたのやりたいことを実現しますか？
□：ここで作った「事業計画」に、あなたはコミットできますか？

この計画でやれますか？　やりますか？
すべてが「よし、これでいくぞ」となれば、いよいよ計画の完成です。

phase 5

「人を動かす」伝える力とプレゼンテーション

phase 4 では、事業コンセプトに「時間」の考え方を加え、事業を進めるための具体的な段取りやお金などの数字を作成し、事業計画を作りました。

phase 5 では、作成した計画をどうやって周りの人に伝えて理解や協力を得るのか、そのためにどのように伝え資料を作成すればいいのかについて説明します。

phase 5-1
多くの人からフィードバックをもらい、仲間を増やす

「練りに練ったビジネスプランを周りの人たちに話すことに抵抗がある」と言う人がいます。「真似されるかもしれない」「事業の背骨にあたるアイデアの公開は慎重にしたほうがいい」というわけです。

その気持ちはよくわかりますが、基本的に事業計画ができあがったら周りの人たちにはどんどんと、オープンにしたらよいと思っています。

理由の一つめは、いろいろな人の意見を聞くことで、頭の中が整理されるためです。夢中になって一人で事業計画を書いているときは気づかなかったことが、実際に周りの人に話してみると、うまく説明できないことに気づいたり、質問を受けて深掘りができていないことがはっきりします。

たとえば、お年寄りに役立つビジネスをしようとしている

のに、お年寄りが苦手なインターネットでの売り方を中心に考えていたことに「あれっ?」と気づくこともあります。

　二つめは、周囲の人から客観的に見てもらい、欠点を修正してアイデアをもらい、事業計画をよりよいものにするためです。事業計画を考えているうちに自身がそれに惚れ込んでしまい、内容を冷静に見られなくなってしまう。あるいは、事業計画を進めている中で直感的に「何か違う」と感じたことを「気のせいだろう」で片づけて進めてしまう心理が働くことがあります。そのようなときに周りからの客観的なフィードバックは、事業計画の課題を見つけるのに役立ちます。

　三つめは、アドバイスをくれた人たちが、将来、自分の事業を応援してくれる仲間になってくれるからです。まずは、友人、次に、ビジネスパートナーになる可能性がある人が周りにいれば、その人にも話してみましょう。さらに、社内で新しい事業に取り組み、上司(あるいは、もっと上席の人)、お金を借りる可能性があるなら、銀行や投資家など、将来、関わる／関わりたい人には、自分がどういう計画を立てて、何をしたいのかを事前に伝えておいて、さまざまなアイデアや意見をもらっておくと、事業を具現化していくのがスムーズになります。

phase 5-2
「相手が聞きたい」話をする

「周りの人に、あなたの事業計画について積極的に話してみませんか」と提案しましたが、一つだけ気をつけてもらいたいことがあります。時間をかけて事業計画を練ってきたあなたからすれば、すぐにでも自分の考える事業について端から全部、丁寧に説明したいところでしょう。しかし、その気持ちをグッと押さえて、事業について「あなたが相手に聞いてもらいたい」ことよりも、相手を中心にして「相手が聞きたい話」「相手が話を聞きたくなるような話し方」をすることです。

そもそも聞き手が新しい事業に興味があるのかわかりません。また、話を聞いてもらえるのかも未知数です。だからこそ、まずは新しい事業への関心度を図ることです。

そのためには、「その事業に関してどの程度、専門的な知識があるのか」などをある程度、最初に確認しておくことも重要です。事業について説明している途中で聞き手の関心がどこにあるのかを知り、歩調を合わせるためにも、「ここまでの説明でわかりましたか」「何か他に聞きたいことはありませんか」と丁寧に確認しながら話します。

そして、できるだけ「誰に、何を提供しようとしている」のかをきちんと理解しておいてもらうためにも、結論を中心に話すようにすると、相手を理解しやすいと思います。

説明をする側からすれば、先に事業を生み出した背景や経

緯を知ってもらいたいのでしょうが、相手はあなたの着地させたいところや結論が曖昧なまま話を聞くことになれば、「自分は何を求められているのか」「この話の結論はどこへ向かうのか」が、わからなくて不安になります。これでは事業への協力は仰ぎにくくなります。

しかし、結論を説明した後に、その背景と経緯やその後に詳細を話せれば、あなたの事業へのこだわりや考え方を先に整理できるので、相手も聞きやすく、的確なアドバイスもしやすくなります。

phase 5-3
相手に何をして欲しいのかをはっきり伝える

協力を求めたいことを相手に伝えるためには、「何をして欲しいのか」をはっきり告げましょう。そのときに、「話を聞いて感じたことを何でもいいから言ってください」という姿勢では、相手がどう返事をしていいかわからず、求められていることが漠然としているために困らせてしまうだけです。

たとえば、事業内容について意見を求めるなら、「顧客の集め方にアドバイスをください」「わかりにくいところを指摘して欲しい」「自分ではわからなくなったので、このアイデアのどこがおもしろいか教えてください」など、相手にして欲しいことを明確に伝えましょう。事業に関わって欲しいのなら、「〇〇さんを紹介してもらえますか」「(社内の上司で

あれば)お金を出して欲しいので、意思決定してください」など、具体的に、どこの場面でどんな力を借りたいと思っているのかを明確にしてからお願いしましょう。

よくあるのが「こんなことを考えているけれど、どう思うかなぁ」という言い方です。「調べたらこんなことがわかりました(報告)」「こんな計画を立てましたが、どうでしょうか(発表)」というのもありますが、いずれも言われた方が自分が何を言えばよいかわからなくて戸惑ってしまいます(聞いてもらうだけでよければ、「聞いてください」と伝えましょう)。基本は、「YES」か「NO」で答えられるように質問をします。「この計画を進める許可をこの場でしてください」、あるいは、「計画を進めるために必要なお金(あるいは、人)を使ってよいと決めていただけますか」というところまで自分の意思を伝えるようにしなくてはいけません。

私のワークショップでも、「お手間はかけませんから、(あなたには)YESとだけ言ってもらえれば、あとは自分で進めます」というところまで要求を具体的にしてもらうようにしています。

話を聞く側の立場になれば、「何だかいろいろ言っているけど、結局、私にどうして欲しいのかわからなかった」というよりも、「しっかりと望んでいることを要求してもらった」ほうが、「よい／悪い」の判断がしやすいので、実は喜ばれます。

ぜひとも、あなたも「○○○ということで、○○してくだ

さい。『YES』か『NO』か、この場で決めてください」と言えるようになってください。事業をやりたい強い意思が伝わりますし、爽やかでスマートな印象を相手に与えます。

phase 5-4
プレゼンテーションの内容を無難にまとめない

　新しい事業は力を借りたい人たちから「YES」という返事を一つひとつもらい、その数を増やしていくことで、やりたいことの実現に近づいていきます。あなたのプランに「NO」と言う人もいるわけですから、「YES」をもらうことは、必ずしもそう簡単なことではありません。

　だからと言って、YESをもらうために「自分がやりたいことは実は違うけれど、周りから受け入れられにくいから、これくらいの提案に留めておこう」「相手が私に期待している新しい事業内容は所詮、この程度に違いない」と忖度して、現実的に受け入れられそうな範囲内で企画を無難にまとめる人がいます。

　社内で新しい事業を考えるときに、上司からは「ゼロベースでベストなアイデアを出してくれ」と言われているのに、チャレンジすることでアイデアがボツになるのを恐れて、無難な手段(社内ウケがよさそうで通りそうな案)をとったり、お金がかかると大変なので、あまりお金(リソース)をかけない方法を選んだりする人たちがいます。これは得策ではありません。

なぜなら、本質的に相手の要求に応えていないからです。このケースで言えば、上司からの「ゼロベースの案を」という要求に応えていません。多くの場合、聞き手(多くの場合は上席の人)は、提案者であるあなたよりも「提案通りにやる、やらない」「お金を出す、出さない」「人を使う、使わない」を決める権限を持っています。上席の人の仕事には、こうした「意思決定をする」だけでなく、「必要なリソースを集める」ことも含まれています。

　ですから、あなたは「必要なリソース(お金や人、モノ)を集めてください」と堂々と言わなければいけません。上席もそう言われることを望んでいます。

　組織の中で新しい事業を起こす場合も、事業規模や予算などがどれぐらいまでなら会社から出してもらえるのか。さまざまな社内の事情や投資できる限界が想像できるために、そのサイズ内で収めようとする心理が作用し、実現性の高いこじんまりした案に寄りがちです。

　しかし、「今回は思い切って、ベストなものを考えました」「自分が(会社が)絶対にやらなければいけないことを考えてみました」というように、現在のリソースではできないことも含めて、プレゼンテーションしたほうがよい結果を生む傾向にあるようです。

　最初に出す案は周りが賛成しやすい無難なものよりも、大きく尖ったもの(特徴的なもの)、賛否両論があるくらいのものの方が、さまざまな議論が出てきます。アイデアの特徴がき

ちんと伝わるように意識して話すことが重要です。アイデアを無難なものにすることはいつでもできます。この機会にできるだけ「尖った」提案をしてみてください。

本当に必要であれば、リソースは誰かが確保してくれます。

phase 5-5
相手の「反応」を予想してプレゼンテーションに臨む

アイデアをいろいろな人たちに話すときに、賛否両論があることを覚悟して望むとはいえ、できれば一人でも多くの人から「その事業案はおもしろい」と言ってもらえるようにしたいものです。

そのためにはどうすればいいのでしょうか。

相手がどんなジャンルに関心があって、どんな意思決定をする人なのかをきちんと把握しておくことは必須です。

もし、プレゼンテーションの相手が銀行員であれば、そこで話したことを銀行に持ち帰ったあとにその人がどんな報告をするのかまで考えます。それが上司だったら、そのさらに上席にいる人に、どんな報告をするのか？ そこまでしっかりと気を配って、あなたの事業提案に「YESと言わざるを得ない」くらいまでしっかりと誘導することが大切です。

自分が相手の立場だったら、どんな反応をするのか考えてみる。相手にどんな反応(返事)をして欲しいのかをイメージ

してみます。交渉の場に立つまで相手の反応は読めないので、自分としてはどうしようもないという態度では、残念ながら望む反応は得られません。明確に欲しい反応をイメージしてその反応をもらえるようにしなくてはいけません。

とは言え、どうやったら予測できるのでしょうか。その方法を一つ紹介します。

図表5-1のようなフォーマットを用意して、そこにあなたが望む「反応」を書いてみることです。もちろん、よい反応をして欲しいわけですが、それに加えて、なぜ、そのように考えたのか、理由も合わせて考えるようにします。人は意思決定をするのに、はじめは直感に基づくものだったとしても、それなりの理由がなくては決断できないからです。どういう理由であなたのアイデアを評価して欲しいのかをはっき

◻︎ **図表5-1　相手の反応のフォーマット**

○○さんへ

今回の発表は、大変すばらしく、最高の評価をつけました。
理由としては、以下の3点が挙げられます。

あなたはここにどんなコメントが欲しいのか？

以上の理由により、今回は最も高い評価をつけました。
○○さんの今後のご活躍をお祈りしております。

りとさせましょう。その上であなたのプレゼンテーションが、相手からその反応が得られるようにできているのか、チェックしてみてください。

　できていなかったら、相手がその反応をするようにプレゼンテーションを変更してください。繰り返しになりますが、大事なのは欲しい反応があるなら、それをそのまま取りに行くことです。

「あなたの情熱が伝わりました」という反応を求めているなら、各所に「やりたい」と書いて最後に「情熱はあります。伝わっていますか？」と具体的に話してしまいます。「市場が十分魅力的に見える」という顧客の声や反応が欲しいなら、「市場がとても魅力的です」と、データを組み合わせてきちんと明確に話します。「話してみて、伝わるといいなぁ」という程度では、あなたが望んだ通りになることはほとんどありません。

　もう一つ、自分が伝えたいことを上手に伝えるコツがあります。それは意思決定を小分けにすることです。たとえば、社内でプレゼンテーションをする場合ですが、実績がない人に対して、会社は最初から1000万円のお金を出してくれません。数百万円で実績を作れてはじめて、追加の投資も受けられます。社内の人たちから「これはいける」と確信を持ってもらえれば、さらに大きな金額を投資してもらえるというのが、現実的な進め方です。

　何も実績がない状態の中では、大きな意思決定はできない

ものです。売れそうな商品のアイデアが考えられても、いきなりそれを作る工場を立てたりはしないことからも、容易に想像がつくと思います。

実際には、試作品を作って顧客の反応を確かめて、よい結果を得て、その上で満を持して大きな投資となるはずです。ですから、きちんと段取りを追って、徐々に意思決定していくようにプレゼンテーションしていかなくてはなりません。「現実的な一歩」から「大きな夢」へ続くようなプレゼンテーションを意識してみてください。

phase 5-6
用意周到な準備でプレゼンテーションの質を上げる

キーパーソンから「この事業なら投資してもいい」「価値ある事業なので育ててみよう」というような「YES」をとりつけるためには、さまざまな事前準備が必要です。

準備するものは、一般的なプレゼンテーションと、原則的には同じです。しかし、新規事業のプレゼンテーションは、事前に商品やサービスに関する情報や知識、経験が誰もがないわけですから、自分のアイデアを他の人にイメージできるように丁寧に説明しなければなりません。ゼロから伝えていく必要があるため独特のコツがあります。ここではそのポイントについて説明していきましょう。

プレゼンテーション準備の際に意識して欲しいことは、三つあります。一つめは、冒頭で目指すゴール(結論)を示し、その目的もきちんとわかりやすく言葉にして伝えるということです。最近、「ストーリー性(物語)」がある話し方は、聞き手が感情移入できるという理由から重宝されています。そもそもなぜ、この事業をしたいと思ったのか、その導入から話し、最後に結論を話す方法ですが、アップル社の創業者スティーブ・ジョブスのようなショー的要素を取り入れた劇場型のプレゼンテーションが得意な人は、このやり方でいいと思います。

　しかし、プレゼンテーションに慣れていない人が行うと、意外とわかりにくいものです。相手が話をどのように聞けばいいのかわからなくて混乱してしまいます。また、新規事業は、すでにある事業より多くの反対意見が出たり、見解の相違が生まれたり、疑問を投げかけられたりします。プレゼンテーションが途中で遮られてしまって、最後の結論までたどり着かない可能性もあります。それを避けるためには、最初に目的やゴール(結論)を示し、次に動機や事業のすばらしさや事業化する可能性を話すようにするほうがよいと思います。

　プレゼンテーションの注意事項を図表5－2にまとめていますが、意外と有効なのが1分間でやりたいことの目的とゴール、全体の構成、ビジネスの可能性について話す練習をすることです。「1分間」は、長々と話すには時間が短かすぎますし、逆に、ひと言で片づけるには、長い時間です。端的

■ **図表5-2　提案資料のチェックシート(1)**

プレゼンテーション全体を通じて

- 結論（結局、何が言いたい / 伝えたいのかのポイント）がよくわかるか？
- 資料の内容が大きく分類してどのような構成になっているかわかるか？
- 提案を「GO」と言う / 言わざるを得ない理由があるか？

▶ 資料を読んだ後に、「読み手」がどのように語るかイメージする

個別スライド / ページについて

- 1スライド / 1メッセージの原則。ここで伝えたいことは何か？
- メッセージ → 内容 の関係が成立しているか？
- 読み手はどのような反応 / 理解をするか？ / どのような疑問を持つか？

▶ 資料を説明する前の「枕詞」、説明終わった後の「まとめ」をイメージする

資料の構成・流れについて

- そのスライド / ページが全体のどの部分に位置づけられるか理解できるか？
- きちんと聞き手の疑問を解消できているか？ つまずくことはないか？

▶ スライド / ページを読んでいく中で、順に階段を上ってもらう / 脱落者を出さない

phase 5　「人を動かす」伝える力とプレゼンテーション

一般的な注意事項

- 誤字脱字は「知性を疑われる」ので、絶対にしない
- フォーマット違いは「きちんと仕事ができない」と判断されるので、これもダメ
- 表現の「揺れ」（= 似た意味の言葉で違うもの）を多用するのは避ける（混乱の原因）
- 一般的な用語は「何も考えていない」ように見られるので、説明できないなら使わない
- 定義していない自分たちの用語は「ひとりよがり」の印象を与えるので、必ず説明する

最後のチェック

- とりあえず、書く。しかも、たくさん書く
- 勇気を持って削る。文字は少なければ、少ないほどよい
- とにかく、何度も読む / 読んでもらう
- ①：惚れ込んで読む、②：批判的に読む、③：①と②を繰り返す

チェック！チェック！チェック！チェック！チェック！

に、要点を必要かつ十分な長さで話す練習として使ってみましょう。

　二つめは、説明するときに、聞き手と一つひとつ内容を共有し、確認しながら話すことです。ゴールに向かって同じ景色を見ながら階段を一段、一段、上っていくような意識で進めるのがコツです。話す順番に沿って聞き手も事業内容を理解していくことができます。新しい事業は聞き手と事前に共有している情報がほとんどありません。階段を一段でも飛ばすと相手がついてこられなくなるので、脱落することのないよう企画書に沿って丁寧に説明するようにしてください。

　プレゼンテーションを成功に導くためには、本番前の予行練習も必要です。聞き手役を一人お願いして、その人に向けて説明します。

　プレゼンテーションの説明が１枚終わるごとにあなたが説明した内容について「どう思ったか(感想)」「どんな疑問が生まれたか(質問)」をその人に聞き、それをメモしておきます。本番では、予行練習で違和感があったり、質問されたことも取り入れたプレゼンテーションができるように、資料の構成や順序を事前に変更しておきます。このひと手間をかけることで、本番でわかりやすいプレゼンテーションができるようになります。

　三つめは、日本語を徹底的に磨き、必要かつ十分で、正確かつ頭に残る表現を心がけるということです。まだ世の中にないものについて、わかりやすく説明するということ自体が、

非常に難易度の高いものです。実は、これが一番、むずかしいところです。第一に正確でなければなりません。

　たとえば、商品の質感の説明をしたいときに、「手ざわりのいい素材」という表現では、「滑らかである」「サラサラしている」「あたたかい」と、人によって解釈が異なる可能性があります。

　意外と言葉では説明しにくいことは多くあって、アップル社のパソコンのフォルム(形)やデザインのかっこよさ、お掃除ロボットを使うことで得られる家事が一つなくなったという開放感など、言葉にして説明するのが、むずかしいものも多くあります。

　言葉だけでは伝えきれないこともあるので、写真、動画、実際のモノなど、さまざまな方法を使って相手に理解してもらえるようするのも一つの方法です。

phase 5-7
楽しそうに、自信があるように情熱的に話そう

　プレゼンテーションの心構えについて勘違いしているケースがあるので、ここで触れておきましょう(図表5-3)。

　一つめは、相手の気持ちを慮ることは大事ですが、謙遜する必要はないということです。自信がなくてもプレゼンテーションをする場では、覚悟を決めて堂々と振る舞わなくてはいけません。

　相手の気持ちになればわかると思いますが、同じ内容なら堂々とした態度の人から話を聞きたいものですし、そのほうが気持ちがいいものです。

　新しい事業は未知数なことが多いからと言って、「まだ、わからないのですが、○○かもしれないと思っています」という言い方はしないようにしましょう。同じ内容を伝えるのでも「現在わかっている範囲では、○○です」と言い切るようにします。

　二つめは、まじめな話し方をしなければいけないという思い込みを捨てることです。まじめであることを否定しませんが、何のためにあなたは人前で、自分の計画についてプレゼンテーションしているのでしょうか？　それは自分のアイデアに賛同し、「その考えに乗って欲しい」からだと思います。そうであれば、楽しそうに高いテンションでプレゼンテーションしなくてはいけません(実際に、心の底から楽しいかどうかは、

phase 5 「人を動かす」伝える力とプレゼンテーション

□ **図表5-3　プレゼンテーションの注意事項**

今回、あなたに実現して欲しいこと

・意思決定者に提案する、説得する（GO or NO GO の意思決定をもらう）
　⇒ 検討結果の報告、検討結果の発表ではない！
・そのためにプレゼンテーションを演出する

意識すること（話し方、姿勢）

・「楽しそう」に話す（演技でもOK）
・相手を見ながら、大きな声で、ゆったりと話す（自信があるように見せる）
・手は前に置き、「オープン」にする

注意事項

・すぐに表紙をめくらない。表紙を使って30秒〜1分間話す
・最後のスライドは意思決定者を「しっかりと見つめて」提案を繰り返す

NGワード

・〜〜だと思います→〜〜です　**言い切る！　断定**
・〜〜させていただく→〜〜します　**謙譲しない**
・わからないのですが、調べきれなかった → × **言い訳禁止**

最後のチェック

・文章は短く。語尾を練習しておく
・文章と文章の間に、「間」をしっかり取る。「接続詞」を決めておくと「間」がとりやすい
・「次のスライドに移るときの言葉」を決めておこう

練習！　練習！　練習！　練習！　練習！　練習！　練習！

横に置いておいてよいので)。

　私がよくする話に「相手を旅行に誘いたいなら『今度の夏休み予定はありますか？　いっしょに、伊豆にいきませんか。予算的にもリーズナブルで、日帰りができるから遊ぶ時間もあるので、アクティビティもできるという条件を満たしています』と理屈っぽく話すのではなくて、『伊豆でダイビングしたいからいっしょに行こう！』とはっきりと言いたいことを楽しそうに話したほうが誘われたほうも気持ちがいい」という例があります。明るく楽しい、高いテンションで、プレゼンテーションをしていいのです。むしろしなくてはいけないのです。これくらいのテンションで話をスタートさせれば、相手も気構える必要がなくなり、リラックスして聞いてくれますし、あなたの誘いに乗りやすくもなります。もちろん、事業について、細かい説明をする必要はあるでしょうが、それはあとからでもいいのです。

　プレゼンテーション中、このトーンですべてを通すのは、さすがにカジュアルすぎるかもしれませんが、初めから終わりまで型にはまった話し方で通すのも、聞き手からすれば肩が凝りますし、おもしろみを感じません。論理的な話し方と情熱的な話し方を使い分けながら話すのが理想です。

　普段、論理的に話す勉強や練習をしていても、なかなか情熱的に話す訓練をしている人はいないと思います。ぜひとも、「楽しそうに話す」「情熱的に話す」練習もしておきましょう。

　三つめは、プレゼンテーションはあくまでも中身で勝負するべきで、演出するのは卑怯であるという思い込みです。プ

レゼンテーションで内容の不足部分や曖昧な部分を挽回したり、ごまかそうとするのは、ムリがあります。しかし、「自分のアイデアがきちんと相手に伝わるように100％の努力をする ＝ そのための演出をする」ことは卑怯ではありません。むしろそうしないほうが、相手を退屈させてしまうわけですから失礼です。

「話を聞いたあとに、どのように判断を下すのかは相手の責任です(なので自分は知らない)」という態度も大問題です。必要以上に内容や演出で盛る必要はありませんが、自分のアイデアを現実のものにするためにも、100％の力を発揮することは、あなたの義務です。その本気度に好感がもてるものです。やれることは、遠慮なくすべてやる心構えでいてください。

　四つめは、プレゼンテーション前に、その事業にかかわることすべてにおいて、完璧に調査をしておかなくてはいけないという誤解です。新規事業の調査は、ともすると「今あるもの意外、全部、調べないといけない」ように感じてしまいますが、そんなことはありません。時間は有限なので、当然、「できること」「できないこと」があります。それは聞き手もわかっていることなので、変な言い訳をするなら正直に「できること」「できないこと」を話すようにします。

　一般的に、社内で普段、行われている「説明する」「発表する」プレゼンテーションとは少し違う考え方なので、あらためて四つの勘違いを確認して、「ぜひ、いっしょにやりましょう」と声をかけられるようなプレゼンテーションに仕上げてください。

phase 5-8
周囲からの質問や意見には上手に対応せよ

　周囲の人に伝わるようなプレゼンテーションをすることも大変ですが、そこでもらったフィードバックに対して、どのような態度で望むべきか、どのように活用するのかというのも、意外とむずかしいものです。

　大事なことはフィードバックをくれた人は敵ではなくて、仲間だということです。最初にこれを心に留めておいてください。質問するのは批判しているのではなく、あなたの話を聞きたいからです。意見を言うのはアイデアをよりよくするためで、それはダメだと言っているのではありません。これを最初に覚えておいてください。

　基本的にフィードバックしてもらったら、真摯にそれに向き合う姿勢が大事です。多くの人はあなたの態度を見ています。「言い訳をしない/嘘をつかない/誠実に対応する」ことが大事です。嘘をつくのはもちろんダメですが、ごまかしたり、ごまかしているように見えてもいけません。

　まずはきちんと、正確に相手の話を聞きましょう。質問の意図や意見の内容がわからないときには、必ず確認してください。相手からの質問や意見に早とちりして答えてみたり、自分の言いたいことを一方的に話してはいけません。

　自分が混乱してきたと感じたら、一旦、深呼吸をし、落ち着いてから回答するのでも遅くはありません。そして、きち

んとした質問をしてくれる人や意見を述べてくれた人には感謝の気持ちを伝えましょう。その上できちんと情報の交通整理をして、相手の質問に順番に答えていくようにしましょう。

一つだけ注意しておきたいのですが、あなたがすべての問いに答えなくてはいけない、反論しなくてはいけないわけではありません。新しい事業では、当然、答えがわかっている人がいるわけではありません。「私はこう考えます」「現時点での結論は〇〇です」「現時点では検討範囲外です」という答え方でよいので、わかる範囲で丁寧に対応しましょう。

基本的に敵は作らないほうがよいですし、周囲とはうまくやるべきことを優先しましょう。あまりにネガティブなことばかり言われたり、相手が些細なことにこだわっているために前に進めない場合には、ある程度、強めに「それは違います」と言ってもよいかもしれません。

基本的にはせっかく意見をしてくれたり、指摘をしてくれたので、感謝しつつ上手に前に進めましょう。

phase 5-9
プレゼンテーションを通じて事業計画をブラッシュアップする

プレゼンテーションを終えたあとに、あなたがすべき行動についてお話をしておきましょう。

まず、いろいろな人からもらった「質問と意見」をリスト

化します。このリストは貴重です。これからいろいろな人に事業の話をするときに必ず同じようなことを尋ねられるからです。事業そのものに関しての本質的な質問や意見かもしれませんし、そうでないかもしれません。これに対してどう答えるのか、今後、このような質問や意見が出ないようにするためには、自分がどんな要素を加えたり、今の事業プランの修正をすればよいのか、その対策を考える材料にしましょう。

次に、もらった意見やアイデア一つひとつを検討します。そのためには、①質問されたことやアドバイスを取り入れることを考える、②取り入れることで、自分がやりたいことに近づけるのであれば採用します。イマイチならば不採用にします。あまり、むずかしく考える必要はありませんが、ここは自分がやりたいことに対して忠実、誠実に考えてください。

一つのアイデアに、いろいろなものを盛り込みすぎて、その結果、わけがわからなくなるケースが後をたちません。「BtoB」のビジネスに「BtoC」もやってみようとしたり、逆に、「BtoC」のアイデアに「BtoB」の要素を取り入れてみたりすると、ビジネスの領域が拡大しすぎてリソースが足りなくなります。

あくまで事業を料理していく料理人は、あなたです。どういう食材で何を作るのかは、あなたが決めればいいのです。食事にたとえると「うに、イクラ丼」はおいしいのでOKでも、魚類と肉類をあわせた「うに、イクラ、カツ、カレー丼」の組み合わせは、おそらくおいしくないでしょう。それ

ぞれの食材はよいものでも、この四つの組み合わせ丼は、味がごっちゃ混ぜになり、それぞれの食材の旨みを台なしにしてしまうのです。

　新しい事業を考えるときも同じです。すべてが優れた意見だからと言って、言われるままにすべての意見を取り入れれば、「うに、イクラ、カツ、カレー丼」と同じ結果になります。

　何でもミックスさせればいいものができる、というわけではありません。事業を起こすあなたが責任を持って、どのような意見やアイデアを採用するのかを判断するようにしてください。

　どうしても何らかの形で、不本意な意見を取り入れなくてはならない場合には、「うまくいかなかったときのバックプランとして取り入れる準備をしておきます」など、きちんと検討したことがわかるようにしておけば、周りの人は納得してくれるはずです。

phase 5-10
新規事業をどう評価すればよいのか

「よい事業って何だろう？」というのは、私のワークショップでよくする質問です。「利益が出る事業」というのも答えでしょうし、「顧客が喜ぶ事業」というのも正解です。「手間をかけないで売れる」というのもその通りです。全部、正解です。

■ 図表5-4 よい事業ってなんだろう？

儲かる！	お客様が喜ぶ！	事業が成長する！
継続性がある！	今までにない！	競合が真似できない！
従業員が誇りを持てる	我が社の理念に相応しい！	社会を変える！

▶ 逆に、何を満たせば「よい事業」と言えるのだろうか？

　では、次の質問です。私たちはどんな条件を満たせば、それをよい事業だと評価してよいのでしょう？

　儲かればよい事業と言えるのでしょうか？　顧客が喜ぶからよい事業と言えるのでしょうか？　必ずしもそうではありません。最終的な答えは「いくつかの要素を満たすものをよい事業と呼ぼう」ということに落ち着きます。要は、単純なことではない、ということです。最終的には考え方の問題でもあるのですが、いくつかの項目を並べてみてあなたが何をもってよい事業だと考えるのかを決めていきましょう。

　新規事業の計画をどのように評価すべきなのかというのは、大きな問題です。そもそも実績がないので判断材料がありません。やりたい気持ちと具体的なアイデアがあっても、リソ

ース(ヒト、モノ、お金、情報、時間)も無限にあるわけではありません。正解がまるでない中で、どのように意思決定をして、どのように進めていくのかは大問題です。

　新規事業の評価は、既存事業の評価の仕方とは違います。過去の経験や既存の情報をベースに判断するために、どうしても試行錯誤的にならざるを得ないですし、結局、「よいのか/悪いのか」わからないので、ある種、モヤモヤの中で進めざるを得ないからです。

　多くの企業から私は「新しい事業をするタネになりそうなアイデアの選び方」を教えてくださいと頼まれることがありますが、「こうやったらできる」というものは存在しません。実際に、あらゆるものを調べましたが、本当に存在しないので、探すだけムダです。

　自分たちがやれることは、①自分たちが何のために新規事業をやるのかを明確にする、②許容できる範囲や条件を可能な限り明確にする、③それに沿って、評価をするということだけです。その際に、「理解を深めながら徐々に絞り込んでいく」しかないと考えてください。

　要は一発勝負で、「はい、80点以上は合格、80点未満は不合格」というものではないということです。新規事業はゼロからのスタートなので、順番に「上手に育てる」「活かす」つもりで評価をしていくように考えなくてはいけません。

　図表5-5に既存事業と新規事業の一般的な評価軸を示しますので参考にしてください。ポイントは、いきなり規模や

■ 図表5-5　既存事業と新規事業の評価軸

既存事業の評価軸

市場性	市場の大きさ
収益性	利益率
優位性	競合との違い／強み
模倣困難性	真似のされにくさ
実現可能性	ビジネスモデル
確実性	リスクの少なさ

▶ すべて満たしていることが条件

新規事業の評価軸

1	大義があるか？
2	顧客がいるか？
3	利益が出るか？
4	実現できるか？
5	当社でやる意味があるか？
6	継続可能か？（競合、市場）

▶ ①から順に検討して⑥まで満たせば、GO！！

効率を求めないこと、それよりも顧客がいるのか、その人が提供価値を欲しているのか、その結果として将来、大きなポテンシャルが見込めるか。そもそも自分たちがこの分野に投資して、受け入れてもらえるかを考えることです。

　儲かるかどうか、大きな事業になるかどうかは重要ですが、それよりも顧客に受容されることが大事です。「儲かるかどうか(利益率や利益の規模)」を検討の中心に持ってくると、どうしてもアイデアが無難なものになりがちです。そもそも効率化という発想自体、既存事業の発想です。原価を下げて利益を増やそうとするくらいであれば、しっかり投資して多少、利益率が低くても、しっかり売上を立てて顧客を確保することを優先させるべきでしょう。

　なぜ、自分たちがやるのかというのも、大切にしてください。これだけ詳細に検討しても実際に活動を開始すると何らかの理由で計画が遅れる、想定していたお客さまがいない、確かにニーズはあるんだけど、想定していた値段では売れないなど、困ったことが起きることがあります。そんなときに「私たちがなぜやるのか」「どんなことを実現したいのか」というのがあれば、あきらめることなくがんばれますし、何よりもあなたの指針になります。

　これらを参考にして一旦、必要だと思われる項目を選択して、評価を行います。表を作成してそこにスコアを記入します。スコアの基準などは、その都度、調整していきます。

　スコアをつけるときには、ある程度、思い切ってつけてく

ださい。新規事業には、「やり方によっては、できる/できない」ということが出ざるを得ません。厳密に評価しきれないので、比較して理解を深めながら点数をつけていきます。必ずしも総合点が高いからよい、低いから悪いということは言えないのです。最後は、意思決定者と実行者が納得して、その計画に、情熱をかけられるのかが大事です。

エピローグ

さぁ、「事業を起こす」人になろう！

　今、世の中は大きく変わりはじめています。そんな環境下で私たちがどのようにアイデアを出し、そこから具体的な事業計画にしていくのかについて説明をしてきました。

　エピローグでは「事業を起こす」経験でどんなことが得られるか、話していきたいと思います。

　技術の進化やビジネス環境が大きく変化して、人が考えたり、人が手をかけてやるよりも生産効率が上がる仕事は、人工知能やロボットに取って代わられることが予測されています。それにより、「周りが決めた枠組みの中で効率よく働いてきた」人材の価値が下がりつつあります。その人たちが取り組んできた仕事は、人工知能やロボットが代替するからです。

　言われたこと、決められたことをまじめにやり続けることが、大きなリスクとなりはじめています。これからの社会では思考の柔軟性と行動力が、生き残っていくために必要になってきます。ビジネスパーソンは与えられた仕事を受け身にこなすだけではなく、自分で考えて経験を積んで成長することを真剣に考える必要があります。

　言われたことを粛々とこなし毎日の業務に取り組むのと、

新しいチャレンジ(ストレッチ経験)を厭わず行動していくのとでは、その人の可能性の広がり方が変わってきます。さらに、同じ経験をしても、その経験を「内省」して「振り返り」、そこから新たな何かを学ぶ人と、そうでない人とでは、思考の深さと幅に違いが生まれて、その後の成長スピードに差が生まれていきます。現状に満足し、その範囲内で努力しているだけでは、市場価値の高い経験がなかなか積み重ねられません。

　では、私たちはどうしたらいいのでしょうか。
「どんな状況でも自分で考え、行動できる。情熱を持って周囲を巻き込みながら成果を挙げて、それを全員で分かち合える(周囲の人を幸せにできる)」人材とならなければいけません。

　そのための選択肢として「事業を起こす」という経験は、十分にあなたの市場価値を高めるチャンスです。

　ここでは実際に私が今の会社を立ち上げ、継続してきた中で、どんなことに気づき、学んだのかという経験を振り返って、「事業を起こす人」になると、どんなよいことがあるのかお話しておきたいと思います。経験者の実感として聞いてください。

epilogue さぁ、「事業を起こす」人になろう！

ゼロの状況だからこそ、自分で考える習慣がつく

　私が現在のアイディアポイント社を作ったのは、当時、所属していた人材開発コンサルティングのセルムグループ・ホールディングスのトップである松川好孝さんから、「この本、知ってる？」と、一冊の本を見せられたことがきっかけでした。『スウェーデン式アイデア・ブック』（ダイヤモンド社）という書籍は、タイトルが魅力的なだけでなく、装丁も美しく、とても興味をそそられました。
「これからは、こういうビジネスの考え方が世の中に必要だと思うんだよ。岩田くん、おもしろいと思わない？　やる気があるならあとは考えてくれないかな」と、こうして企業内起業を打診されました。

　当時の私も「何か新しいことにチャレンジしたいな」という気持ちが芽生えはじめていたので、これはよいタイミングだと思いました。すぐに「やります」と返事をし、スタートさせたのがアイディアポイント社です。

　しかし、「事業をやる」と決めたものの、いざ事業を起こそうとすると、「何をしようか？」「そのために何が必要なのか？」「ビジネスパートナーはどうやって見つけてくる？」「お金はいくら必要なのか？」「お客さまをどうやって見つけてくる？」「今の仕事はどうする？」「会社名は？」など、考

えなければならないことばかりです。準備することが山ほどありました。当時、特に「これをやってみたい」という事業があるわけではなかったし、手探り状態でした。

　限られた期間内に決めることがあまりにも多いことにも驚き、何回かパニックになりました。しかし、一から作り出す仕事が自らの手でできるのだから、できることから一つずつ楽しんでやろうと思うようにしながら取り組みました。そして、そう思えると不思議なことに、「自分で決めて自分でしかけて仕事をしていくのだから好きな選択をしよう」と、思うこともできました。そうすることで気持ちもラクになり、作業も進むようになりました。

　事業のコンセプトを決めて、実際に会社を立ち上げてからも大変でした。「そもそも取り組もうと考えている事業で、お客さまの数はどう増やすべきなんだろうか？」「お客さまを集めるためにセミナーを開催したいが、どうしたらいいのか？」「ホームページはどうやって作ったらいいのだろう？」と、数え上げればしなくてはいけないことが、無限にあるように感じました。このころになると、少し心の余裕も生まれてきたこともあるのだと思いますが、自分がやりたいことと似たようなケースを調べたり、友人の話を参考に真似しながら進めるようになりました。

　自分の得意ではない分野はプロフェッショナルに頼んでどんなやり方があるのか、アドバイスをもらったり、事業をしている友人や事業に関する知識が豊富な知り合いなどにも相

さぁ、「事業を起こす」人になろう！

談しました。

しかし、どれも一長一短があり、最もよいという答えが見つけられず、決める段階になって選択肢がありすぎて、ひどく悩んだこともありました。しかし、こうして悩んだおかげで、何もない状態から、ものごとを組み立てるときには「堂々めぐりに陥ったときには受身ではなく主体的な考え方をする」必要があることに、私なりに気づくこともできました。

ゼロからのスタートだったからこそ、受け身ではなくて、主体的に考える習慣や、その中で決めて行動する能力が身についたのだと思います。

ものごとを判断するときに自分なりの視点と勘どころがわかってくる

新しい事業について考える中で、何度も思考の迷路に入ったわけですが、それをどうやって断ち切り、自分なりの決断をしてきたのか、もう少しここで触れておきたいと思います。自分で事業を起こすと自分が「意思決定者」であることと、その「責任」がすべて自分にあることを強く感じさせられる場面が多くあるものです。

今はわかったようなことを言っていますが、事業をはじめたころは正直、「とにかく周りからのアドバイスをもらって一番よさそうなアドバイスに従えばいいかな」と、軽く考えていた節がありました。
　しかし、それが違っていることに気づくできごとがありました。
　ある日、知り合いからの助言に沿って行動したことがうまくいかず、「どうしようか」と悩んだあげく再び相談すると、「アドバイスはしたけど、それは自分で決めた結果でしょ」と言われて、「まぁ、そうだな」と、妙に納得したことを覚えています。周囲の人は事業に関してアドバイスや意見はしますが、基本的には何かあったときの責任はとってくれません。事業を起こすということは、全部、自分で責任を負う覚悟が必要なのです。
　それからは覚悟を決め、最終的な判断をするようになりましたが、ときに、自分がやると決めたことが的外れだったり、うまくいかないこともありました。お客さまに「この提案をしよう」と決めて話をしたが、受け入れてもらえなかった。「この人を社員にしよう」と決めて採用したのに、すぐに退職してしまった。「マーケティングの費用をかけてセミナーを実施したものの、かけたお金ほどその成果が上がらなかった」など、挙げたらきりがありません。「この分野には将来性がないから手を出さない」と検討に検討を重ねて決めたことが、競合他社がやったら成功したなど、「やらない」とい

う選択が失敗を招いたこともありました。

　これらの経験は本当に悔しいもので、「やらない」という道を選んだ自分には経営センスがないのではないかと情けなくもなりました。

　意思決定者が普段、決めていることは「正しい、間違っている」ということではありません。「目の前にある正しいと思われる選択肢の中から、どれかに決める」というものです。

　たとえば、「お金をどこに使うべきなのか」を考えるときには、「社員の給与に使うのか」「会社に残しておくのか」「新規顧客を獲得するのに使うのか」、その選択肢はいくらでもあります。どれを選んでも間違っているわけではありません。その中から、そのときの状況下で「自分はこれが大切だと思う」「これならできる」と判断して決めていくことになります。

　うまくいかない経験は、まったく楽しいものではありませんが、ものごとを判断するときに自分なりの視点と勘どころを身につけていく役に立ちます。

　さまざまな経験を重ねていくことで、失敗も含めて自身の経営センスを磨いているのだと思います。自分のことを言えば、確かに少しずつですが、同じ失敗をしないようになってきていると感じています（何回やってもダメなこともありますが）。

　日々、仕事をする中で常にこのように真剣勝負をしながら学ぶ経験は、なかなかできない経験だと思います。

自分がすべてにかかわることで
広い業務知識が身につく

　これについては、最初にどんな仲間とスタートするか、どれくらいお金があるかによりますが、基本、「自分の責任」ですべての業務を行うことが重要です。

　私の場合、最初はグループ会社の中の事業会社としてスタートしたため、人事総務、経理、IT関係、法務などの管理業務は、関係会社に委託することができました。おかげで商品を作ること、営業をすることに集中できたのですが、これは相当、恵まれていた環境でした。

　だからといって、商品作りと営業のこと以外は、まったく他人任せだったのか、と言えばそうではありません。関係会社の専門家たちに、少なくとも、彼や彼女たちが力を発揮できるように話すことができなくてはいけません。彼らの専門分野の業務をお願いしているとはいえ、私が同じ土俵できちんと会話や情報交換ができなければ、事業を進めていくことはできません。専門家と話すときは専門用語をある程度、理解できなくてはいけないですし、少なくとも質問されたことに関しては、自分の意見をきちんと述べなくてはいけません。「私は人事総務については知りません」「経理の数字のことはわかりません」「契約書を読んだことがないんです」というわけにはいかないため、経営に必要な基礎的な知識につい

ては広く勉強しました。

　その都度、必要な基本知識を勉強したおかげで、事業をはじめて1年も立ったころには、本屋の経営書コーナーに並んでいるジャンルのものに関しては、そこに書かれていそうなことは、だいたいは簡単に話せるようになりました。

　事業を起こしてよかったと個人的に感じることは、経営をする中で、「本当に売上が上がるのかな（売上予測）」「入金と出金のタイミングさえ、読み違えなければ事業は継続できるかな（資金予測）」など、お金関連のことを実地で勉強できたことです。

　会社を作ったばかりのころは、資本金という形で銀行に現金はありました。しかし、収入の予定がなければ、人件費や家賃などの固定費がかかってお金は出ていきますし、売上を上げるためにお金を使うので、さらに早いスペースで減っていきます。

「このまま何もしないでいると10カ月後には会社は倒産する」という緊張感からスタートし、数件の受注がとれるようになったころからは、これでもう1カ月長く生き延びられる。さらに、もう数件の仕事が契約できることが決まると、もう1カ月間、会社を続けられる。税金を払う月には、きちんと払えるかチェックしなくてはいけないというように、数字の動きをハラハラしながら見て経営していたのは、今ではよい思い出です。

　特定の会社で一つの仕事をしている人が、あまり体験でき

ないようなジャンルの仕事にかかわれたのもよかった点です。実務を通じて人の問題を考えたり、リスク管理、契約書をゼロから結ぶ機会もすべてよい勉強だったと思います。

　実際に、自分がビジネスで何かをやろうとするときには、上手に専門家に仕事をお願いし、議論しながら進めていくということも、これからの時代には必要なスキルだと思います。

　たとえば、新しく法人を作るときに、「株式会社、合同会社、NPO法人、一般社団法人のいずれにすればよいのか」という質問にしても、それぞれの違いを専門家から教えてもらうだけでは、具体的にどうしてよいのかわかりません。そのときに考えている事業計画ややりたいこと、制約条件などに応じて、「今回のケースで言えば、株式会社にします」と伝えて、専門家の意見を引き出せるようになることが会社経営していく上では大切だと感じています。

　事業を起こすことは、単一の業務だけではなく、幅広い業務の経験を複合的にできることにもおもしろみがあるのだと思います。

epilogue

さぁ、「事業を起こす」人になろう！

「何とかなるという自信」と「致命傷を避ける慎重さ」が身につく

　私自身が新しい事業を起こしてから今までを振り返ると、本当にいろいろな失敗をしてきました。受注の約束をした案件がいきなり(自分たちにとってはそれなりに理不尽な理由により)ストップして売上が足りなくなったり、想定外のタイミングでスタッフが辞めることになり、日々の業務が回らなくなって、てんてこ舞いだったこともありました。よかれと思って打ったダイレクトメールに何の反応もなく、まるまるお金がムダになったこともありました。会社間で約束していたことが平気で反故にされたり、影で悪口を言われているのが耳に入ったりと……心が折れそうになることは挙げればきりがありません。それでも過ぎてみればよい経験だったと思っています。

　そのときは他に選択肢がないので、厳しい状況を切り抜けるために、必死で考えて歯をくしばり、できることをとにかく続けるしかないのですが、振り返ってみると、何度か「危なかったぁ」「よくがんばったものだ」と思う経験をすると、不思議と自分の行動や判断に自信がついてきます。結果的に修羅場体験をくぐり抜けることで、確実に、精神的にもスキル的にも成長するという側面もあるのです。

　このような経験を通じて身につけられる「ちょっとわから

ないけれども、大概のことはなんとかなるだろう」というある種の根拠がない自信やいい加減さ、逆に、「今回は本当にまずかったから、次はこういうことがないように気をつけよう」という慎重さは、実際に経験して実感してみないと身につかないのではないかと思います。

　phase 1 でもお話した「致命傷さえ負わなければ、かすり傷は上等」という感覚です。問題にぶつかったときは大変ですが、自分にはどの程度の傷は耐えられて、それ以上だと耐えられないのか、新しい施策に関しても、大丈夫な失敗(うまくいかなかったね。次からは気をつけよう/他の方法でやろうですむもの)と、致命傷になる失敗(自分たちでは耐えきれないほどの損害や顧客からの信用など失うと取り返しがつかないもの、セキュリティなど会社の信用がいきなりゼロになるようなもの)が、何なのかがわかるようになってきます。

　変化の激しい時代にある種の「自信」「いい加減さ」「前に進む力」「致命傷を受けない慎重さ」はアクセルとブレーキの関係にありますが、これは矛盾するものではなく、両方を持ち合わせて、上手に使い分けていく必要があります。これからの時代を生きていくのに、両方をバランスよく身につけて、状況を見ながら使い分ける能力はきっと役に立つのではないかと思います。

会社、社会、組織など世の中の仕組みを理解できるようになる

　会社を作るときも、随分と世の中の仕組みや経営について調べましたが、それでも振り返ってみると、まるで世の中のことを知らなかったと恥ずかしくなることがあります。今でも本当に理解できているのか、不安なことはありますが……。

　私はもともとコンサルティング会社で社会人をスタートしました。会社組織に所属していましたし、同じ社内には人事部や経理部、IT部、法務部があるので、興味を持てば彼らが何をやっているのかを知ることはできました。しかし、実際のところよくわかっていなかったですし、当時はそもそも会社が税金をどうやって国に納めているのか、社会保険が何か、契約書も中身はよくわからず、ほぼ理解していませんでした。

　「企業研修」「コンサルティング」というビジネスをスタートするときも、お客さまの会社の中で、費用がどういう名目で計上され、その成果を誰が、どう評価しているのかも詳しくはわからなかったので、理解するのに時間がかかりました。

　これらのことを周囲と相談しながら意思決定する中で、自分が当たり前だと思うことが、他の人からみると、そうでないことにも気づきました。私が以前いた会社には住宅手当、

出張手当といった手当はまったくなかったですし、誕生日休暇や慶弔金といった、私から見れば仕事とは直接、関係ないことに会社がお金を出すという発想自体ありませんでした。

　これらは多くの会社では社員のモチベーションを上げたり、会社のメッセージを発信するために、制度として存在しているというのも、そのときに知りました。

「自分はビジネスパーソンだと名乗っておきながら、社会のこと、会社のこと、自分の本業のビジネスのことも知らないことだらけだなぁ」と実感するのと同時に、すでに存在している組織の中で働いていると、会社の仕組みを考える機会はないのだと思いました。

　あなたも一生、同じ組織にいるのであれば話は別ですが、将来的にいくつかの組織で働くことを考えたら、自分が所属している会社、組織、社会が、どんな約束ごとで動いているのか、俯瞰して考えてみる機会を持ってもよいのだと思います。

社内、社外に信頼できる仲間ができる

　新しいことをやるには、新しい仲間が必要です。あなたも

さぁ、「事業を起こす」人になろう！

　実際に自分のアイデアを周りに話し、仲間を集うことで、さらに、いっしょにビジネスができる仲間が増えていくことでしょう。いろいろなことをともに考え、志をともにし、何かをした仲間というのは自身にとって一生の財産になるのではないかと思います。

　社会人になって同じ組織で働き続けていくと社内では、上司、部下、同僚。社外では、受発注関係のある外部の人たちに人間関係が固定化されがちです。社外の人との関係が、自分が顧客で発注するのか、逆に、自分が外部業者として受注する（発注してもらう）しか、お付き合いする方法がわからなくなってしまうようなことも多くあります。

　新しく何かをはじめるためには、目的やゴールを共有して、そこを目指してともにがんばる仲間であるという関係が必要になってきます。

　私自身は自分で事業をスタートする中で、さまざまな人とのご縁があって本当に感謝しています（本当に感謝の気持ちしかありません）。会社に参加してくれたスタッフも、外部のパートナー、お客さまにも本当に恵まれていると感じます。そんな周囲の人たちと一生懸命に考え、働くことができていることもとてもうれしいです。もちろん、ビジネスの関係ではありますが、尊敬できる方も多く、これからもお付き合いしたいと思っています。

　いっしょに、真剣に仕事に取り組んだ仲間は、学生時代の仲がよかった仲間ともまた違います。人生の中で、働く時間

をどのように位置づけるのかは、人によると思いますが、多くの時間を費やすことになるので、そこで大切な仲間、友人ができるというのは、自然であり、幸せなことだと思います。

社会や世の中、自分自身について考える時間が増える

「社会や世の中について考える時間が増える」「自分自身について考える時間が増える」というのは、最近の心境です。会社を立ち上げてしばらくの間は、「やりたいこと」と、「やらなくてはいけないこと」「でも、できないこと」もあって、悩みだらけでまったく余裕がなく、とにかくお客さまの役に立つにはどうしたらよいか？ それを自分のビジネスとしてどのようにお金にしていくべきなのか？ ということばかり考えていました。

　その後、多少、余裕が出てくると、ともにがんばっているスタッフは元気にしているのか？　この会社で働いていることが彼らのためになっているのだろうか、ということにも気が向くようになり、できるだけ働きやすい職場、できるだけやりがいのある仕事をどうやって作っていいのかということ

epilogue さぁ、「事業を起こす」人になろう！

を考えることができるようになりました。

　個人差はあると思いますが、ある程度、ビジネスも安定してくると、社長としての仕事に時間を費やすことができるようになります。そのときに、「この会社は何を目指しているのか」「この会社が提供している価値は何か」「この会社をどうしていきたいのか」を問われることが多くなります。

　そのときに、「これからの社会や世の中がどうなるのか」「今、自分たち大人が将来のために取り組まなければいけないのは何か」「会社として何ができるのだろうか」、さらには、「自分自身が何者で、何ができるんだろうか」と考える機会と時間も増えてきます。

　同じ組織にいて、ある程度の経験を積んでくると、その分野での業務を覚え、ある種の「マンネリ」が出てくることもあるのではないかと思います。「この仕事は社会にどんなインパクトを与えているんだろうか」「自分自身が社会に対してどのような価値を提供しているのか」考える機会も少なくなってくるものです。新しいことをやろうとするときには、「自分が世の中をどう見ているのか」「自分にいったい何ができるのか」を問われるタイミングです。

「社会」について考え、自分自身と向き合うような仕事ができていることをとてもうれしく感じると同時に、自分が「世の中のために役に立っていることをやっているのだろうか」「自分は価値を発揮できているのだろうか」を真剣に考えることも多くなります。

私自身も会社を作るときに、自分が何を大切にしていてどんなことを実現したいのかを真剣に考えました。そこでまとめたものが図表6－1です。

　事業をはじめてから6年間経っていますが、基本的にはその考えは変わりません。また、迷ったときにはこの価値観を必ず見直すようになっています。

　このように「これからの世の中はどうなるか」「自分は何をしたいのか」について考える時間を持たざるを得なくなるのも、事業をやっていてよかったと思うことです。

◼ 図表6-1　私が考えた「大切にしたい」価値観

経営理念 Corporate Philosophy	私たちの役割 Mission
Be Creative, Be Happy.	人や組織が「新しいことに取り組む / チャレンジをする」ときのサポートをすること

実現したいこと Vision	大切にしている価値観 Value
多くのビジネスパーソンが仕事にやりがいを持って、もっと創造的に、もっとハッピーに働くような会社や社会	・よい仲間、よい顧客、よい仕事 ・まじめに楽しくノリよく働く

これからは挑戦した人が評価され、活躍する時代になる

　これからの日本は、何かに挑戦した人たちが評価されるようになると思います。以前から日本は出る杭が打たれる国だと言われてきています。確かに、そのような雰囲気を感じることがあります。メディアには成功者のサクセスストーリーが取り上げられて、その人が何かをきっかけに急に叩かれたりするのを見ると、残念な気持ちになります。これに関連して私が会社を作ったときに、友人から教えてもらった「薩摩の教え・男の順序」を紹介します。男性に限らずビジネスパーソンでも共通のことが言えるのではないかと思います（図表6-2）。

■ 図表6-2　薩摩の教え・男の順序

一	何かに挑戦し、成功した者
二	何かに挑戦し、失敗した者
三	自ら挑戦しなかったが、挑戦した人の手助けをした者
四	何もしなかった者
五	何もせず 批判だけしている者

やはり社会や組織には新しいことに挑戦する人間がいて、その挑戦自体が尊敬されるということなのではないかと思います。私自身は嫌なことやうまくいかなかったときには、これを思い出し、実際に眺めます。そして「そうだよなぁ。自分は今、挑戦しているんだ。がんばろう」と、心の整理と自分の叱咤激励に使います。

　直近では、起業家の社会的評価も上がり、社内で新しいことにチャレンジする人に対する評価も随分、高くなっているように感じます（個人的にはもっと評価されてもよいと思いますが……）。

　失敗したらどうしようという気持ちもわかりますが、そんなときには、この「薩摩の教え」を思い出してみるとよいのではないでしょうか。

何よりも毎日が楽しい！生きている実感と自由がある

　ここまで、「こんなよいことがありますよ」「こんな経験ができますよ」「こんなスキルが身につきますよ」と得する話をしてきましたが、一番、伝えたことは、「やっぱり、楽しい」ということです。

epilogue

さぁ、「事業を起こす」人になろう！

自分がやりたいこと、周囲に求められるべきこと、そして、やるべきことを仕事にして、きちんと成果を挙げることができれば、それは楽しい人生ではないでしょうか。

何を楽しいと思うかは、人によって異なります。人生の中で「何か新しいことをする」「やったことがないことをやってみる」「できなかったことができるようになる」というのは、楽しい経験の一つなのではないでしょうか。

私自身は、自分でスタートしたビジネスを気に入っています。もちろん、ゼロから考えて何かをやるのは楽しい反面、苦労することもありますが、正解がない問題に毎日取り組んでいる状態を気に入っています。多くの仲間に支えられながらも、自分なりの価値を出していると実感できる毎日に充実感があります。今は、あまりルールが多くない環境で働いているので、基本的にはどこで何をするのかは自分で決めてよいことになっています。

この原稿もオフィスではなく、カフェや図書館、自宅で書いています。もちろん、その分、成果を挙げなくてはいけませんが、それでも働く場所や働く時間、仕事を自分でコントロールできることは、私にとっては非常に重要です。

最後に、私が自分でいろいろなことを整理するときの思考法を紹介します（図表6-3）。これは横軸に「やる・やらない」、縦軸に「うまくいく、成功する・うまくいかない、失敗する」が書かれてあるように、全体を四つに分類しています。もちろん、やってうまくいくことが一番よいのですが、そうう

まくいくわけではありません。

　私は自分が「やらないで、うまくいかなかった」というのがものすごく嫌な気持ちになります。逆に、「やって、うまくいかない」のは仕方がないかなと思えるので、迷ったら基本は、やってみることにしています。

　世の中に目を向けると、いろいろな人が新しいことにチャレンジしていて楽しそうです。あなたも一回きりの人生なのですから、自分がやりたいことは「する」という方を選びませんか？　チャレンジする機会を作ってみたらよいと思います。

◻ 図表6-3　自分がやりたいことをやる / やらない

うまくいく、成功する	棚ぼた	主体的な人生（ベスト）
うまくいかない、失敗する	人任せ/人のせい（最悪）	ドンマイ
	自分がやりたいことを**やらない**	自分がやりたいことを**やる**

すべての人に感謝を込めて

　最後まで読んでいただき、ありがとうございました。本書を読んでいただいたのも何かの縁だと思います。あなたの新しいチャレンジを応援しています！

　どんなことでも「最初の一歩」が大変です。ほとんどの人は、「将来、何か、新しいことをやりたいなぁ」と思っているだけで、何もしていません。あなたは、少なくともこの本を読んで「なんとなく考えていることをカタチにする方法」を学びました。これだけでも大きな一歩です。「次の二歩目」は、実際に手を動かすことです。実際に手を動かすときにどんな気持ちで取り組めばよいか、何が起きるのか、何をやるべきかを本書では、できるだけ具体的に説明しました。ぜひ、読み終わった勢いで、もう一歩踏み出してください。

　本書は、私が新規事業開発をテーマに講演やワークショップでお話している内容を中心に整理してまとめたものです。当たり前のように聞こえることも多いかもしれませんが、この内容には6年間のさまざまな経験やノウハウ、知見、取り組んだ人にしかわからないことが詰まっています。内容は、これまでいっしょに働いてきたすべてのお客さま、ワーク

ショップの参加者のみなさん、ビジネスパートナーのみなさん、当社のスタッフのみなさんとの議論の中で、生まれたものです。今回、あらためて書籍を執筆するご縁をいただいて、これまでいっしょに働いたすべての方に感謝の気持ちでいっぱいです。本当にありがとうございました。

　本文の中で、私自身の経験も書きましたが、経験を振り返ってみると、随分、ムダな苦労やイマイチな失敗をしてきたなと思ったりします。もちろん、その時々でベストを尽くしてきましたが、それでも、「こうしておけばよかった」「あぁしておいたらなぁ」と思うことはたくさんあります。あらためて今回、執筆する中で、自分自身の経験を振り返る機会になりました(恥ずかしいことばかりですが)。

　私は、「もっとみんな自分らしく工夫しながら働いて、もっと幸せ(ハッピー)になるような社会になればいいなぁ。そのお手伝いをする会社を作りたいなぁ」という気持ちで会社を作り、ビジネスを続けてきました。

　今回、私が本書であなたにお伝えしたことは、
・なんとなく「新しいことをやってみよう」という気持ちがあるのは素晴らしい。
・フワッとしたアイデアでも、きちんと手順を踏めば、事業計画を作ることができる。
・新しいことをやるのは楽しい！　やってみよう。
ということです。

　実際に具体的に行動するといろいろなことが起きます。そ

こで起きたことを解決するのは、「自身のがんばり」と「周囲とのコミュニケーション、サポート」です。あなたが何かにチャレンジして困ってしまったときは(困ってしまっていなくても)、お手伝いできればうれしいです。新しいことにチャレンジする人と話して、そのサポートすることが私と会社のミッションなので、喜んで応援させていただきます。

　最後になりますが、この本を書くのに関係したすべての方に感謝します。
　執筆の機会をいただいた生産性出版の村上直子さん、ありがとうございました。なかなか文章が進まないときにも根気強く議論につきあっていただき、また、時間のない中で、私が急に思いついたアイデアも快く取り入れていただくなど、最後のギリギリまで真剣に向かいあっていただきありがとうございました。この本を書き上げられたのは村上さんのおかげです。
　イラストをご担当いただいた宮澤槙さんにも御礼の言葉しか思いつきません。私の書く雑な絵もきちんと意図を汲んだ上に洗練されたイラストになって、あらためてプロの仕事はすごいものだと、感動しました。
　今回、帯を書いてくれた岩瀬大輔さん、ありがとうございました。学生時代の友人と一部でもいっしょに仕事ができるようになって、とてもうれしく思います。仲間が活躍するのはとてもうれしいことです。刺激を受けて、自分も、もっと

がんばってみようと思います。

　本文ではあまり登場しませんでしたが、株式会社アイディアポイントの仲間たちにも感謝したいと思います。特に、取締役の東信和さん、内田智士さんとは普段の議論からスタートして、書籍に関するアドバイスやさまざまな知見をもらいました。この本のネタもいろいろといただいています。

　当社のスタッフである、杉山弘明さん、長根愛さん、花矢義章さん、高橋佑季さん、守屋亮一さん、みなさんとの日々の議論や一緒に取り組んでいる刺激的なプロジェクトから得た多くの知見や示唆から本書の内容はできています。これまでの仕事、一つひとつを誇りに思っています。

　そして、普段、思いっきり仕事ができるのは、家族のサポートがあってのことです。妻 歩美、長女 愛子、次女 結子には感謝の気持ちで一杯です。休日や夜中にもパソコンを広げて仕事をすることもありますが、いつも変わらず、応援してくれて、とても幸せです。いつも、ありがとう。

　私にとって本書の執筆は、これまでの仕事を棚卸しすると同時に、自分自身のキャリアを振り返り見つめ直す作業でもありました。大変でもありましたが、幸せな時間でした。このような機会を与えてくださったすべての方に感謝いたします。ありがとうございました。

著者

参考文献リスト

書籍
「プロ直伝！成功する事業計画書のつくり方 (マンガでわかる！ビジネスの教科書シリーズ)」秦 充洋、ナツメ社 (2015/8/11)
「新事業開発スタートブック」河瀬 誠、日本実業出版社 (2015/8/6)
「新規事業ワークブック」石川 明、総合法令出版 (2017/3/22)
「図解 新規事業を創出する方法 (図解シリーズ)」中村 善貞、言視舎 (2018/2/27)
「[新版] グロービス MBA ビジネスプラン」グロービス経営大学院、ダイヤモンド社 (2010/11/26)
「ビジネス・クリエーション！---アイデアや技術から新しい製品・サービスを創る 24 ステップ」ビル・オーレット、ダイヤモンド社 (2014/12/12)
「ビジネスモデルを見える化する ピクト図解」板橋 悟、ダイヤモンド社 (2010/2/19)
「ビジネスモデル 2.0 図鑑」近藤 哲朗、KADOKAWA (2018/9/29)
「ビジネスモデル・ナビゲーター」オリヴァー・ガスマン他、翔泳社 (2016/10/4)
「ビジネスモデル・ジェネレーション ビジネスモデル設計書」アレックス・オスターワルダー、イヴ・ピニュール、翔泳社 (2012/2/10)
「システム × デザイン思考で世界を変える 慶應 SDM『イノベーションのつくり方』」、前野隆司（編）、日経 BP 社 (2014/3/12)
「幸せのメカニズム 実践・幸福学入門 (講談社現代新書)」前野 隆司、講談社 (2013/12/18)
「『なるほど、その手があったか！』が量産できる"ひらめき"の作法」東 信和、ファーストプレス (2016/5/21)
「ビジネスマンのための『行動観察』入門」松波 晴人、講談社（2011/10/18)
「半径 3 メートルの『行動観察』から大ヒットを生む方法」髙橋 広嗣、SB クリエイティブ（2015/5/16)

参考 Website
市場規模マップ　　　　　　　　https://visualizing.info/cr/msm/
Japan Innovation Network　　https://ji-network.org/
Japan SDGs Action Platform （外務省ホームページ）
https://www.mofa.go.jp/mofaj/gaiko/oda/sdgs/about/index.html

著者紹介

岩田　徹
いわた　とおる

株式会社アイディアポイント代表取締役 社長
慶應大学大学院システムデザイン・マネジメント研究科 研究員

　東京大学大学院工学系研究科修了［工学修士］。外資系コンサルティング会社（A.T. Kearney、Roland Berger）、外資系ソフトウェア会社（SAP Japan）を経て、セルムグループにて株式会社ファーストキャリアの事業立ち上げに参画。その後、「新規事業開発」「企業とヒトの創造性開発」をテーマに株式会社アイディアポイントを創立、現在、代表取締役社長。慶應義塾大学大学院システムデザイン・マネジメント（SDM）研究科 研究員。新規事業開発コンサルタントとして、大手企業の新規事業創出プロジェクト、各種研修を実施。

グラフィックデザイン担当

宮澤　槙　みやざわ　まき

ベルリン在住、グラフィックデザイナー・イラストレーター
UI・UXデザインの考えに基づき、デザインのカテゴリーにとらわれず幅広いデザイン業務に携わっている。

事業を起こす人になるための本
ふわっと考えていることをカタチにする5STEP

2019年1月31日　初版 第1刷発行

　著　者　岩田　徹
　発行者　髙松克弘
　発行所　生産性出版
　　　　　〒102-8643　東京都千代田区平河町2-13-12
　　　　　日本生産性本部
　電　話　03(3511)4034
　　　　　https://www.jpc-net.jp/

印刷・製本　サン印刷通信
装丁・本文デザイン　サン印刷通信

©Toru Iwata 2019 Printed in Japan
乱丁・落丁は生産性出版までお送りください。お取替えいたします。
ISBN 978-4-8201-2082-7